GB/T 19012—2008 idt ISO 10002:2004 标准宣贯教材

投诉处理体系建立与实施指南

郭庆华　李萌　贾殿徐　孙庆民　编著

中国铁道出版社

2008年·北京

图书在版编目(CIP)数据

投拆处理体系建立与实施指南/郭庆华等编著. —北京:
中国铁道出版社,2008.11
ISBN 978-7-113-09402-7

Ⅰ.投… Ⅱ.郭… Ⅲ.铁路运输-运输企业-质量
管理体系-国家标准-中国 Ⅳ.F532.6-65

中国版本图书馆CIP数据核字(2008)第180300号

书　　名: 投诉处理体系建立与实施指南
作　　者: 郭庆华　李萌　贾殿徐　孙庆民　编著

责任编辑: 吴　军　　**电话:**(010)51873094
封面设计: 崔丽芳
责任校对: 张玉华
责任印制: 金洪泽　陆　宁

出版发行: 中国铁道出版社(100054,北京市宣武区右安门西街8号)
网　　址: http://www.tdpress.com
印　　刷: 北京市兴顺印刷厂
版　　次: 2008年11月第1版　2008年11月第1次印刷
开　　本: 880 mm×1 230 mm　1/32　印张:4　字数:108千
印　　数: 1~5 000册
书　　号: ISBN 978-7-113-09402-7/G·295
定　　价: 20.00元

前　言

随着全球贸易一体化进程的加快,当今国际市场上国与国之间、地区与地区之间、企业与企业之间的竞争愈演愈烈。竞争的焦点集中在产品和服务质量上。在社会发展过程中,没有任何一个国家的政府,任何一个社会组织,任何一家企业能把所有的事情做得尽善尽美,把产品做得完美无缺,碧玉无瑕。因此,任何政府机关、任何社会组织、任何企业都可能面临着它所服务的对象或它所提供的产品购买者的抱怨或投诉。

如何有效地处理投诉,变投诉为政府、组织或企业改进产品或服务的动力,国际标准化组织质量管理和质量保证技术委员会在总结和吸纳世界各国处理投诉的经验的基础上,制定并发布了 ISO 10002《质量管理　顾客满意　组织处理投诉指南》标准,旨在增强组织的顾客满意度和组织的产品或服务竞争力。

为了帮助组织和企业准确理解和应用GB/T 19012—2008 idt ISO 10002:2004《质量管理　顾客满意　组织处理投诉指南》,我们着手编写了这本宣贯教材。

在本书编写过程中,著名质量管理和质量信用专家、中国产品质量协会专家委员会主任郭庆华老师编写了第三章、第四章、第五章和第六章的内容;高级工程师、国家注册审核员、资深企业管理顾问李萌老师执笔编写了第一章、第二章和第七章的内容;中国认证人员与培训机构国家认可委员会委员、国际审核员培训与注册协会(IATCA)咨询师专家组专家贾殿徐老师和著名企业管理顾问、咨询师孙庆民老师在本书的编写过程中,提出了诸多宝贵意见,并参与了本书部分章节的编写。郭庆华老师对全书进行了总撰。

为了使相关组织所建立的处理投诉体系既满足标准的要求,又满足组织的实际情况,在本宣贯教材编写过程中,作者结合数十年的质量管理实践经验,面向企业,注重实用,通俗易懂地解析了GB/T 19012—2008 idt ISO 10002:2004《质量管理　顾客满意　组织处理投诉指南》标准要求,并从企业实际出发,给出了投诉处理程序实例。

本书可作为GB/T 19012—2008 idt ISO 10002:2004《质量管理　顾客满意　组织处理投诉指南》标准的宣贯教材,也可作为理工科大学质量管理专业的教学用书或参考书。

在本书的编写过程中得到周建军、陈亮等同志的大力支持和热情帮助。在此,谨向上述同志表示衷心感谢。限于时间和作者的水平,有不当或错误之处,恳请广大读者批评指正。

作　者

2008年10月

目　　次

概　论

第一节　什么是 GB/T 19012 标准

一、什么是 GB/T 19012 标准

GB/T 19012《质量管理　顾客满意　组织处理投诉指南》标准是由国家标准化委员会正式发布的用于指导企业有效和高效处理顾客投诉的指南性标准，该标准等同采用国际标准化组织 ISO/TC176/SC3/WG10 质量管理和质量保证技术委员会技术支持分委员会的投诉处理工作组所制定的国际标准，即 ISO 10002—2004《质量管理　顾客满意　组织处理投诉指南》标准，它于 2004 年 9 月正式发布实施。我国于 2008 年 5 月 7 日正式等同采用该标准，并于 2008 年 12 月 1 日起实施，国家标准代号为 GB/T 19012 —2008。

该标准规定了有效的顾客投诉处理机制，将在促进公平市场的产生、增强组织对投诉问题的处理能力、最终提高顾客满意度上发挥重要作用。

二、什么是投诉处理

任何组织在任何时候都不可能把产品或服务做到尽善尽美或完美无缺，其所提供的产品或服务均可能给部分消费者带来不称心或不满意的情况，导致顾客投诉的发生。因此，有效和高效地处理顾客投诉，实现顾客满意是组织或企业的一项必不可少的增值活动。

投诉处理是一项集心理学、社交技巧于一体并体现组织与投诉处理相关人员的道德修养、业务水平、工作能力等综合素养，给投诉者所提问题予以妥善解决或圆满解答的工作。顾客投诉如果能得到较好的解决，组织可以获得顾客的进一步信任，可以有效地维护好组织的自身形象。反之，如果顾客投诉得不到组织的圆满答复和处理，则可能会对顾客造成二次伤害，加深顾客对组织的误解，甚至导致给组织造成更大的负面影响，损害组织的社会形象。

三、GB/T 19012—2008 idt ISO 10002—2004 标准的特点

该标准首次站在组织角度，指导组织作为主体来处理顾客投诉，为所有类型组织提供了一个公开、公平，有法可依、有章可循，顾客能积极响应的投诉处理系统，提高了组织解决投诉的水平和组织消除投诉根源的能力，使组织以一种自己和投诉者双方都满意的系统方式来解决投诉。

该标准确立了有效和高效处理投诉的 9 项指导原则，规定了处理投诉的框架，为组织建立有效和高效的处理顾客投诉体系奠定了理论基础。

四、GB/T 19012—2008 idt ISO 10002—2004 标准的功能

GB/T 19012—2008 idt ISO 10002—2004 标准的实施，可以有效地提高顾客满意度，使组织在任何地域都可按同一标准处理投诉，并最终使企业和顾客满意，提升组织的声誉和社会影响。

实施该标准中所阐述的过程，将能够：

——为投诉者提供一个开放并有回复的投诉处理过程；

——提高组织以一致、系统和积极响应的方式解决投诉的能力，以使投诉者和组织都满意；

——提高组织识别投诉的趋势、消除投诉的原因，并改进组织运作的能力；

——帮助组织采用以顾客为关注焦点的方式解决投诉，并鼓励组织人员改进与顾客相处的技能；

——为投诉处理过程、解决投诉的问题、改进相关过程提供持续评审和分析的基础。

第二节 我国投诉处理现状

一、与投诉处理相关的法律法规

1. 1993年9月1日起实施的《中华人民共和国产品质量法》对因产品质量导致消费者权益损害的处理作出了规定："消费者有权就产品质量问题，向产品的生产者、销售者查询；向产品质量监督部门、工商行政管理部门及有关部门申诉，接受申诉的部门应当负责处理。"

"保护消费者权益的社会组织可以就消费者反映的产品质量问题建议有关部门负责处理，支持消费者对因产品质量造成的损害向人民法院起诉。"

"售出的产品有下列情形之一的，销售者应当负责修理、更换、退货；给购买产品的消费者造成损失的，销售者应当赔偿损失：

① 不具备产品应当具备的使用性能而事先未作说明的；

② 不符合在产品或者其包装上注明采用的产品标准的；

③ 不符合以产品说明、实物样品等方式表明的质量状况的。"

"销售者依照前款规定负责修理、更换、退货、赔偿损失后，属于生产者的责任或者属于向销售者提供产品的其他销售者（以下简称供货者）的责任的，销售者有权向生产者、供货者追偿。"

"因产品存在缺陷造成人身、缺陷产品以外的其他财产（以下简称他人财产）损害的，生产者应当承担赔偿责任。"

“因产品存在缺陷造成人身、他人财产损害的，受害人可以向产品的生产者要求赔偿，也可以向产品的销售者要求赔偿。属于产品的生产者的责任，产品的销售者赔偿的，产品的销售者有权向产品的生产者追偿。属于产品的销售者的责任，产品的生产者赔偿的，产品的生产者有权向产品的销售者追偿。”

“因产品存在缺陷造成受害人人身伤害的，侵害人应当赔偿医疗费、治疗期间的护理费、因误工减少的收入等费用；造成残疾的，还应当支付残疾者生活自助具费、生活补助费、残疾赔偿金以及由其扶养的人所必需的生活费等费用；造成受害人死亡的，并应当支付丧葬费、死亡赔偿金以及由死者生前扶养的人所必需的生活费等费用。”

“因产品存在缺陷造成受害人财产损失的，侵害人应当恢复原状或者折价赔偿。受害人因此遭受其他重大损失的，侵害人应当赔偿损失。”

2. 1994年1月1日起施行的《中华人民共和国消费者权益保护法》规定：“消费者在购买、使用商品和接受服务时享有人身、财产安全不受损害的权利。”

“消费者因购买、使用商品或者接受服务受到人身、财产损害的，享有依法获得赔偿的权利。”

“消费者在购买、使用商品时，其合法权益受到损害的，可以向销售者要求赔偿。销售者赔偿后，属于生产者的责任或者属于向销售者提供商品的其他销售者的责任的，销售者有权向生产者或者其他销售者追偿。”

“消费者或者其他受害人因商品缺陷造成人身、财产损害的，可以向销售者要求赔偿，也可以向生产者要求赔偿。属于生产者责任的，销售者赔偿后，有权向生产者追偿。属于销售者责任的，生产者赔偿后，有权向销售者追偿。”

“消费者在接受服务时，其合法权益受到损害的，可以向服务者要求赔偿。”

3. 1995年8月25日，原国家经贸委、国家技术监督局、国家工商局、财政部联合发布《部分商品修理更换退货责任规定》,对在三包有效期内的产品修理期限及有关责任作出了规定。

4. 1998 年 3 月 6 日,原国家技术监督局发布 GB/T 17242—1998《投诉处理指南》。

5. 1997 年 6 月 16 日,原国家技术监督局发布 GB/T 16868—1997《商品经营质量管理规范》。

6. 1998 年 10 月 1 日,原国家技术监督局发布 GB/T 16784—1998《工业产品售后服务》。

7. 2002 年 6 月 20 日,国家质量监督检验检疫总局发布 GB/T 18760—2002《消费品售后服务方法与要求》。

8. 2004 年 8 月 1 日,国家发展改革委会发布实施《工程建设项目招标投标活动投诉处理办法》。

9. 2006 年 5 月 12 日,商务部发布 SB/T 10401—2006《商品售后服务评价体系》。

二、产品质量投诉现状

1. 2008 年上半年全国各级消费者组织共受理顾客投诉307 626件,比2007 年同期上升了2. 7%,接待来访和咨询共计227 万人次。其中,各级消费者组织为投诉者挽回经济损失28 933万元,因经营者有欺诈行为被政府处以加倍赔偿6 219 件,计416 万元。

2. 投诉问题按性质分:质量问题占 58. 6%,营销合同问题占 8. 1%,价格问题占 6. 2%,计量问题占 2. 0%,广告问题占 1. 9%,假冒问题占 1. 9%,安全问题占 1. 8%,虚假品质占 1. 7%,人格尊严占 0. 3%,其他占 17. 4%。

3. 投诉问题按类别分:百货类占 29. 6%,家用电子电器类占 25. 9%,服务类占 25. 9%,房屋及装修建材占 6. 4%,家用机械类占 5. 6%,农用生产资料类占 2. 5%,其他类占 4. 1%。

4. 投诉增长较多的商品和服务分别是文体用品和邮政。

投诉变化情况如表 1－2－1、1－2－2 所示。

表 1-2-1　受理投诉情况变化表

项　　目	2007 年上半年	2008 年上半年	变化幅度
受理数(件)	299 552	307 626	↑2.7%
解决率	87.9%	94.7%	↑6.8%
挽回损失(万元)	45 791	28 933	↓36.8%
加倍赔偿(件)	11 118	6 219	↓44.1%
加倍赔偿(万元)	517	416	↓19.5%
支持起诉(件)	1 455	1 827	↑25.6%
政府罚没款(万元)	936	1 577	↑68.5%
来访咨询(万人次)	249	227	↓8.8%

表 1-2-2　投诉性质变化表　　　　单位:件

类　　别	2007 年上半年	2008 年上半年	变化幅度
质　量	187 844	180 348	↓4.0%
营销合同	14 777	24 996	↑65.8%
价　格	17 767	19 101	↑7.5%
计　量	6 013	6 269	↑4.3%
广　告	5 154	5 776	↑12.1%
假　冒	5 592	5 706	↑2.0%
安　全	5 588	5 652	↑1.1%
虚假品质表示	4 017	5 316	↑32.3%
人格尊严	1 084	1 039	↓0.2%

三、产品质量投诉的主要特点

1. 销售服务中的电视购物和网络购物存在较多违约和失信问题,顾客投诉呈上升趋势,较上年度同期增加 53.2% 。

2. 美容美发行业存在利用会员卡、优惠卡欺诈消费者的现象,消费者投诉较上年度同期上升 85.2%。

3. 洗衣行业的投诉较上年度有所上升。

4. 个别家电产品质量较差,企业售后服务能力弱,自定保修条款,导致投诉上升。

5. 房屋、建材、装修行业投诉案件均有所上升，消费者维权难度大，其中因合同纠纷导致的房屋投诉上升了106.9%。

6. 汽车投诉较去年同期上升了11.1%，消费者投诉的主要问题是产品质量和售后服务。

综上所述，随着产品质量竞争的加剧和消费者维权意识的增强，顾客投诉呈明显上升趋势。在这种情况下，组织迫切需要及时有效地导入一套先进的处理投诉的管理模式，建立健全有效和高效的顾客投诉处理过程，通过有效和高效的处理顾客投诉，争取顾客满意，进而提升组织的产品竞争力。

第三节 组织贯彻 GB/T 19012 idt ISO 10002 标准的意义

随着全球经济一体化的形成，组织服务于顾客的概念不再仅仅停留在生产和销售合格产品的阶段，而是延伸到产品的整个寿命周期。组织建立以顾客为关注焦点的意识，就是要求组织关注在产品的整个寿命周期内所有顾客的需求和期望，全过程服务于顾客，有效和高效处理在产品的整个寿命周期内顾客的投诉和抱怨，改进产品和服务质量，增强顾客的满意度。GB/T 19012—2008 idt ISO 10002:2004 标准规定了处理投诉的科学模式，对提升组织的投诉处理管理水平有着积极和深远的意义。

一、为组织处理顾客投诉提供新的依据

对待顾客投诉，不同组织会有不同的方式方法。对同一类型的顾客投诉，不同的组织会采取不同的措施，其所产生的效果也存在较大差异。怎样才算处理好了难以判断，相关法律也没有作出具体规定。

要想达成相对一致，便于组织以共同依据解决同一类型的顾客投诉，为组织和社会节约资源，有必要制定一个适用所有组织和行业的统

一标准。GB/T 19012—2008 idt ISO 10002:2004 标准正好解决了这一难题。

国际标准化组织 TC176 质量管理和质量保证技术委员会 WG10 技术分委员会在总结各国处理投诉经验的基础上,研究制定了适用于全球范围内所有领域和组织的处理投诉指南标准,较好地解决了标准的统一问题,同时为组织处理顾客投诉提供了新的依据。

二、投诉处理更加科学化

投诉处理涉及相关的法律法规,涉及企业的管理水平,涉及与处理投诉相关人员的个人能力,涉及心理学和社交艺术。可怎样处理顾客投诉才算是好的,才能让投诉者满意。GB/T 19012—2008 idt ISO 10002 标准充分吸收了国际上众多组织投诉处理问题的成功经验,规定了投诉处理的指导原则以及规范的投诉处理流程,可以引导组织科学地投诉处理问题。

三、有利于达成共识

GB/T 19012—2008 idt ISO 10002:2004《质量管理　顾客满意　组织处理投诉指南》为投诉者、产品提供者及社会其他组织之间寻求到更多的共识,提供了一个科学合理的判断标准。对投诉者而言,会对产品提供者经过这样一个处理过程感到被投诉者积极的态度,解决问题的良好愿望;对产品提供者,可找到解决问题的最佳途径;对社会其他组织也可以通过这项标准较好的解决投诉问题。

四、促进全球经济一体化

全球有了统一投诉处理方面的标准,便于经济全球化形式下国际间投诉问题的处理。

随着经济全球化进程的加快,产品流通也更加国际化,投诉不仅会在同一国家或地区内进行,还会跨越地区界限。没有一个统一的标准,达成共识将更加困难。

第四节 组织建立投诉处理过程的作用

一、帮助组织员工正视顾客投诉

顾客是组织最好的医生。他们把所诊断出来的问题反馈给组织，让组织能够充分了解自身存在的不足与问题所在，以便组织的管理者能够对症下药，改进自身的产品或服务质量，避免更大的失误。无论组织的规模大小、所处的地理位置和环境如何，如果顾客投诉得到了有效的处理，就能提升该组织的声誉。因此，作为任何一个组织的员工，都应该正视在产品实现过程中可能会存在不可避免的隐含的质量问题，这是由于技术水平和基础设施能力所决定的。在这种情况下，投诉者帮助组织发现产品质量的隐含问题，给组织改进产品质量提出了新的课题，组织应认真分析问题，找出导致问题发生的根本原因，制定措施解决问题。只有这样组织才可能把产品做得更好，才可能获得顾客的真正满意。

二、改变员工和管理层对顾客投诉的恐惧心理

随着组织和消费者自我保护的维权意识的提高，处理顾客投诉将是所有组织所面临的一个永久课题。很少有组织能把产品一次做到尽善尽美，把服务做到无可挑剔。因此，所有的组织都可能面临顾客投诉。但作为组织应该明白其所接受的顾客投诉仅仅占不满意的顾客中的极少的一部分。

发生顾客投诉，则表明投诉者还希望与组织进行合作。只有投诉者对组织完全丧失希望，选择沉默，才会导致顾客终止与组织的合作。调查表明，26 个不露声色的不满客户中，平均有 25 个将弃你而去，而他们的朋友中有 1 560 个也不会选择你，而 98% 的不满顾客从来没有投诉过。

因此，我们应该明白有投诉是正常的。任何组织都很难做到让所有顾客都满意。

同时,作为组织的所有管理者更应该明白顾客投诉中蕴藏着巨大的价值,其投诉的内容能够提供很多改善产品、转变市场策略及提高服务质量的信息,所以它是一个收集客户意见的极好渠道。

同时,适当地处理客户投诉还可以成为提高客户忠诚度的工具,以致提高组织声誉。顾客对组织投诉肯定要比他对其他顾客抱怨或者无声无息地“离你而去”更好。

三、帮助组织排解顾客投诉的负面影响

组织按照 GB/T 19012—2008 idt ISO 10002:2004 标准要求建立和保持顾客投诉处理过程,实施顾客投诉管理,可以缩短投诉处理周期,有效化解顾客抱怨,避免非正常投诉和恶意投诉的发生。即使发生非正常投诉或恶意投诉,组织也是有备应之,避免或减少负面影响的发生。

四、指导组织处理顾客投诉、提高顾客忠诚度

组织按照标准要求实施所设计的顾客投诉处理程序,可以最有效地提高顾客的满意度,通过有效和高效的顾客沟通,培养顾客的跟随意识,提高顾客的忠诚度。通常情况下,如果某一顾客的投诉得到了圆满的解决,他会将此次结果告诉至少三个以上的客户,其广告效应是媒体广告效应的 2 ~ 3 倍。

五、使顾客投诉对组织的益处明朗化

顾客投诉是顾客送给组织最好的礼物,为组织改进产品质量和处理投诉过程的改进提供了线索。组织通过不断的质量改进可以进一步增强组织的竞争力。所有的组织只有认真地对待顾客投诉,认真分析导致顾客投诉产生的原因,组织制定相应的纠正或预防措施,才能真正减少产品质量问题的发生,减少组织的产品质量损失,较低故障成本,进而将损失转化为利润和效益。同时,组织通过有效和高效地处理顾客投诉,可以减少顾客的流失,培养顾客的跟随意识,巩固和进一步增强组织的市场竞争力。

六、从公开地解决顾客问题中获取组织的利润

组织公开地解决顾客投诉，增加了顾客满意程度，减少了顾客的流失，降低了组织开发客户的成本（通常情况下，开发一个新顾客所需的成本是留住一个老顾客所需成本的 4 ~6 倍），使组织继续从老客户那里获得组织的利润。

七、帮助组织在原有的管理体系基础上进一步提升管理

GB/T 19001—2000 idt ISO 9001:2000《质量管理体系　要求》从顾客的立场出发，对组织的质量管理体系过程，包括产品质量保证的过程提出了要求。组织按照该标准的要求能够实现持续地生产提供合格产品的能力，减少不良品的发生，满足顾客要求。

GB/T 19012—2008 idt ISO 10002:2004《质量管理　顾客满意　组织处理投诉指南》标准，从组织的立场出发，同时，充分考虑了投诉者的利益和要求，在组织质量管理体系的基础上，对组织的处理投诉过程提出了要求，深化了组织的质量管理体系。因此，可以说投诉处理体系是对组织质量管理体系的有效补充和完善，二者是相互协调的。投诉处理体系的建立和完善进一步提升了组织的管理水平。

八、学习导入和建立顾客投诉管理体系的基本流程和方法

GB/T 19012—2008 idt ISO 10002:2004《质量管理　顾客满意　组织处理投诉指南》标准充分吸收了全球范围内组织处理投诉的先进经验，确定了处理投诉的 9 项指导原则，规定了科学合理、公平、公正、透明的处理投诉模式和框架。组织通过系统地学习 ISO 10002《质量管理　顾客满意　组织处理顾客投诉指南》标准，可以导入和建立科学的顾客投诉管理体系的基本流程和管理方法，提高组织的管理水平。

九、提升审核活动的附加价值，在一定程度上帮助组织改善顾客关系

投诉处理的审核可以作为质量管理体系审核的一部分，并与

ISO 19011相一致。审核的结果可以作为组织管理层对投诉处理过程的确认和改进的评议。

通过审核进一步改进投诉处理程序的有效性、持续性、适宜性、充分性。

有效地实施投诉处理过程是组织改善顾客关系的最好工具之一。

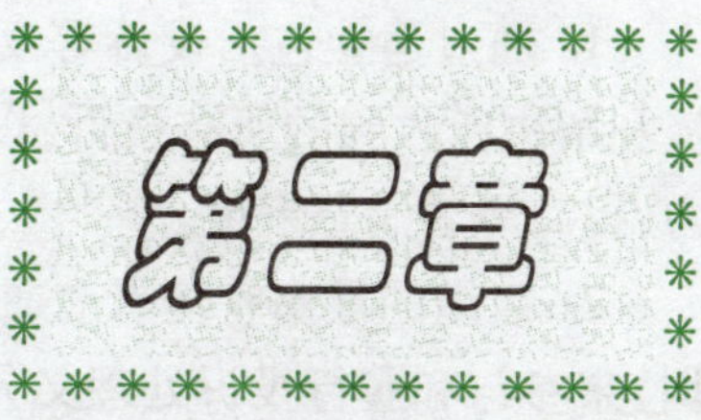

投诉处理相关概念与指导原则

第一节 GB/T 19012—2008 idt ISO 10002:2004 标准结构

一、标准的基本结构

GB/T 19012—2008 idt ISO 10002:2004 标准由范围、规范性引用文件、术语和定义、指导原则、投诉处理框架、策划和设计、投诉处理过程的运行、保持和改进等 8 个章节组成。在该标准的附录中给出了 8 个方面的指导性的附录,对标准的理解和应用起到了很大的帮助。

二、标准的范围

GB/T 19012—2008 idt ISO 10002:2004 标准规定了与产品相关的投诉处理过程的策划、设计、运行、保持和改进等内容,是组织质量管理体系的组成部分。

GB/T 19012—2008 idt ISO 10002:2004 标准适用于各个行业和不

同规模的组织。

GB/T 19012—2008 idt ISO 10002:2004 标准侧重描述了与投诉处理有关的方面:

1. 通过建立包括投诉等反馈在内的以顾客为关注焦点的开放环境和解决所收到的所有投诉,以及增强组织改进产品和顾客服务的能力,提高顾客满意程度。

2. 组织的最高管理者应通过资源的充分配置和拓展(包括人员培训)来参与和履行投诉处理义务。

3. 识别并重视投诉者的需求和期望。

4. 为投诉者提供开放、有效和便于使用的投诉过程。

5. 分析和评价投诉内容,以便改进产品和顾客服务质量。

6. 审查投诉处理过程。

7. 评审投诉处理过程的有效性和效率。

三、与 GB/T 19001—2000 和 GB/T 19004—2000 的关系

GB/T 19012—2008 idt ISO 10002:2004 标准与 GB/T 19001—2000《质量管理体系　要求》和 GB/T 19004—2000《质量管理体系　业绩改进指南》相容,GB/T 19000—2000 idt ISO 9000:2000 标准所规定的术语和定义仍然适用于 GB/T 19012—2008 idt ISO 10002:2004 标准。

GB/T 19012—2008 idt ISO 10002:2004 标准中所描述的投诉处理过程可以作为质量管理体系的一个要素或过程,通过有效和高效的实施投诉处理过程支持 GB/T 19001—2000《质量管理体系　要求》和 GB/T 19004—2000《质量管理体系　业绩改进指南》两项标准的目标。

GB/T 19012—2008 idt ISO 10002:2004 标准不适用于认证或合同的目的。

四、术语和定义

GB/T 19012—2008 idt ISO 10002:2004 标准规定了与处理投诉有

关的术语和定义，包括投诉者、投诉、顾客、顾客满意、顾客服务、反馈、相关方、目标、方针以及过程等。

五、指导原则

GB/T 19012—2008 idt ISO 10002:2004 标准在总结各国处理投诉经验的基础上，为有效处理投诉规定了 9 条指导原则，包括 4. 2 透明、4. 3 方便、4. 4 响应、4. 5 公正、4. 6 免费、4. 7 保密、4. 8 以顾客为关注焦点的方法、4. 9 责任以及 4. 10 持续改进的原则。

六、投诉处理框架

在这一章节中，GB/T 19012—2008 idt ISO 10002:2004 标准为准备实施处理投诉体系的组织搭建了投诉处理框架，包括 5. 1 承诺、5. 2 方针、5. 3 职责与权限。

七、策划和设计

如何策划和设计有效和高效的投诉处理过程，GB/T 19012—2008 idt ISO 10002:2004 标准在这一章节中规定了 6. 1 总则、6. 2 目标、6. 3 行动、6. 4 资源。

八、投诉处理过程的运行

这一章的内容包括 7. 1 沟通、7. 2 投诉受理、7. 3 投诉跟踪、7. 4 投诉告知、7. 5 投诉初步评审、7. 6 投诉调查、7. 7 投诉响应、7. 8 沟通决定、7. 9 投诉终止。

九、保持和改进

这一章的内容包括 8. 1 信息收集、8. 2 投诉分析和评价、8. 3 投诉处理过程的满意程度、8. 4 投诉处理过程的监视、8. 5 投诉处理过程的审核、8. 6 投诉处理过程的管理评审、8. 7 持续改进。

十、标准关系图(图2-1-1)

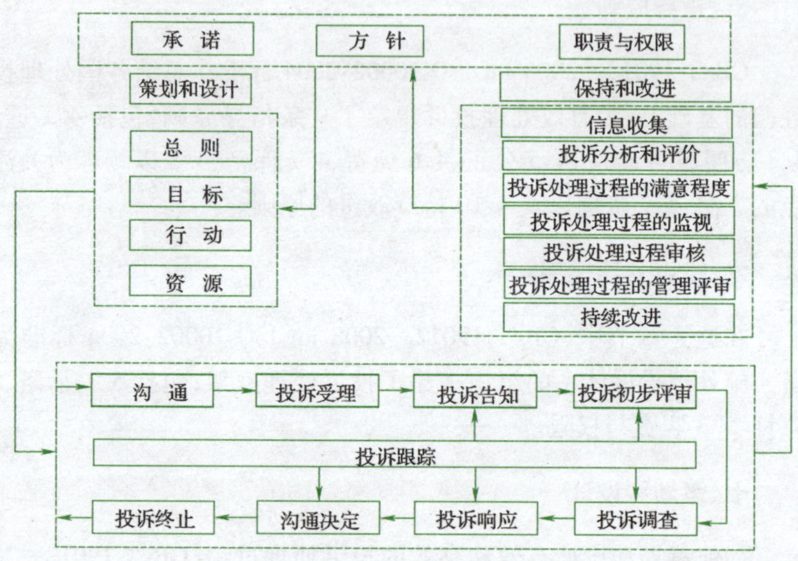

图2-1-1 标准关系图

第二节 投诉处理相关概念

一、顾客的概念

顾客:接受产品的组织或个人。

顾客是企业提供产品的接受者,因此,顾客可以是消费者个人、分销商或采购商。顾客也包括政府或社会组织所服务的对象或群体。

二、投诉的概念

投诉:对组织的产品或投诉处理过程不满意的表示,其中包括期望得到回复或解决的明示的或隐含的表示。

投诉是顾客对组织所提供的产品和服务不满意的一种集中表现,

同时,也包括顾客或投诉者在进行投诉过程中对组织未能及时有效地给予投诉回复并使所投诉的问题未能得到满意解决的不满意的表示,这包括顾客或投诉者明确提出的要求和顾客或投诉者虽然没有明确提出,但组织通常应该做到的,不言而喻的隐含要求。

当顾客购买组织的产品(包括服务时)对组织所提供的产品,以及伴随产品提供过程的服务过程都抱有良好的愿望和期盼(望)值,如果这些愿望和期望值(要求)得不到充分满足,顾客心理就会失去平衡,由此产生的抱怨和想"讨个说法"的行为,这就是顾客的投诉。

针对已经发生的投诉,作为投诉者期望组织能尽快给予回复或得到彻底解决,这种要求包括投诉者明确的要求,同时也包括隐含的,不需要明示的,但组织应该按常规给予的补偿,如道歉等。

对顾客来讲,投诉已成为顾客保护自身利益的有效手段,是顾客维权意识提升的一种表现;对组织来讲,投诉处理是为顾客服务的一项不可缺少的内容。

顾客投诉一般有以下15种原因引发,即:

1. 产品质量。
2. 服务质量。
3. 安全问题。
4. 计量问题。
5. 价格问题。
6. 格式合同。
7. 广告宣传。
8. 告知义务。
9. 细节问题。
10. 人格权和人身权。
11. 设施问题。
12. 附赠品问题。
13. 非现场交易。
14. 意外事件。

15. 不可抗力。

三、投诉者的概念

投诉者:提出投诉的个人、组织或其代表。

投诉者可以是顾客本人,即产品的最终接受者,或称终端顾客,也可能会是某个组织,或称集团顾客,这种现象在今天越来越多;也可能是他们的代理人。有些投诉,当事人并不一定亲自出现,而是由他们的律师或其代表来进行,也可能由他们的亲属或监护人来进行。

四、顾客满意的概念

顾客满意:顾客对其要求已被满足的程度的感受。

顾客要求是指顾客对组织所提供的产品,包括在商品和服务提供的过程中存在的对产品或服务的需求和期望。这种需求和期望包括顾客明示的、隐含的或通常必须履行的需求和期望。

当工业生产技术和商品经济处于不发达时期时,顾客的消费或购买领域比较狭窄,所能采购到的产品的品种和数量比较少,其产品或商品质量水平相对比较落后。因此,顾客所可能消费的内容很不丰富,满足程度也受到很大限制。

在这个时期,顾客的购买或消费需求及其满足程度都处于相对压抑状态。

随着社会生产力的不断发展和科学技术水平的提高,企业将向市场提供品种更多,质量更优的产品,以便更好地满足顾客的购买或消费需求。

同时,随着人们物质文化生活水平的日益提高,购买或消费需求也呈现出多样化、多层次,并由低层次向高层次逐步发展,消费质量不断提高,因此,顾客对购买或消费需求满意程度的期望也越来越高。

顾客的需求和期望通常包括:

1. 对产品或商品功能性,包括其使用价值的需求和期望。

使用价值是产品或商品的基本物质属性,也是顾客需求的基本内容。产品的功能性设计决定了产品的使用价值,这是顾客或消费者的最基本的要求。

我们知道顾客或消费者的要求或需求不是抽象的,而是有具体的物质内容,无论这种需求侧重于满足人的物质需要,还是心理需要,都离不开特定的物质载体,且这种物质载体必须具有一定的使用价值,必须实现产品的基础功能。

2. 对商品审美的需求。

对美好事物的向往和追求是人类的天性,它体现于人类生活的各个方面。

在顾客需求中,人们对购买或消费对象的审美的需要、追求,同样是一种持久性的、普遍存在的心理需要。对于顾客或消费者来说,所购买的商品既应具有其实用性,同时也应具有其审美价值。从一定意义上讲,顾客决定购买一件商品也是对其审美价值的肯定。

在购买或消费需求中,人们对购买或消费对象审美的要求主要表现在商品的工艺设计、造型、式样、色彩、装潢、风格等方面。

人们在对商品质量重视的同时,总是希望该商品还具有漂亮的外观、和谐的色调等一系列符合审美情趣的特点。

3. 对商品时代性的需求。

没有一个社会的消费不带有时代的印记,人们的购买或消费需求总是自觉或不自觉地反映着时代的特征。

人们追求消费的时代性就是不断感觉到社会环境的变化,从而调整其购买或消费观念和行为,以适应时代变化的过程。这一要求在消费活动中主要表现为:要求商品趋时、富于变化、新颖、奇特、能反映当代的最新思想。

从某种意义上说,产品或商品的时代性意味着产品或商品的生命。一种产品或商品一旦被时代所淘汰,成为过时的东西,就会滞销,结束其生命周期。因此,作为产品生产组织应站在时代的前列,设计并及时生产出具有时代特点产品或商品。

4. 对商品社会象征性的需求。

所谓商品的社会象征性，是人们赋予商品一定的社会意义，使得购买、拥有某种商品的消费者得到某种心理上的满足。例如，有的人想通过某种消费活动表明他的社会地位和身份；有的人想通过所拥有的商品提高在社会上的知名度，等等。

5. 对优良服务的需求。

随着商品市场的发达和人们物质文化消费水平的提高，优良的服务已经成为消费者对商品需求的一个重要组成部分。“花钱买服务”的思想已经被大多数消费者所接受。

随着社会竞争的加剧，同类产品的功能性逐步趋于一致。各类组织的营销手段也逐步趋于相似。

在这种情况下，所有的竞争的焦点集中在组织的服务意识和服务手段以及服务内容上。谁能向顾客或消费者提供优良的服务，真正实施全方位和终生服务的措施和行动，真正为消费者着想，谁能迅速有效并高效地处理顾客投诉，谁就能在激烈的市场竞争中立于不败之地。

组织只有通过有效和高效的处理顾客投诉，解决并满足投诉者的合理需求，才可能争取更多的顾客。

五、顾客服务的概念

顾客服务：在产品寿命周期内，组织与顾客之间的活动。

顾客服务贯穿于整个产品的寿命周期。在进行产品设计时，组织首先应确定产品的基础功能，同时还要确定产品的最高故障率以及最长诊断时限和修理时限，均衡产品初始生产成本和修理、维护费用；想方设法提高产品的可靠性，从而降低顾客使用产品的总费用。

在产品的使用过程中，组织为消费者提供保养、维护或维修服务，包括配件的更换。

当产品报废时，组织可能向顾客提供产品更新或废品回收服务。

可以说，顾客服务就是在产品的寿命周期内，组织为满足顾客需求所付出的全部努力，包括有效和高效地处理顾客投诉，增加顾客的满意度，进而培养顾客的忠诚意识。

六、反馈的概念

反馈：对产品或投诉处理过程的意见、评论和关注的表示。

反馈又称回馈，是指将系统的输出返回到输入端并以某种方式改变输入，进而影响系统功能的过程。组织通过建立顾客投诉处理过程的信息反馈系统，全面收集顾客的意见、评论或关注的信息，可以进一步了解和掌握顾客的需求和建议，包括抱怨，获取改进产品质量和过程质量的信息，然后通过质量改进，进一步满足顾客需求，并争取超越顾客的期望。

组织通过顾客投诉处理过程实施对投诉处理的回复，可以增强投诉者信赖组织的意识。

七、相关方的概念

相关方：对组织的业绩或成就有利益关系的个人或团体。

通常情况下，相关方是指与组织的业绩或成就有利益关系的个人或团体，如顾客、所有者或投资者、员工、供方、银行、行业协会、合作伙伴和社会。

八、目标的概念

目标：在投诉处理方面所追求的目的。

目标是一种追求，是经过努力所能够实现的追求。目标是一种动力，是激励员工努力工作的动力，因此，组织可以把目标作为投诉处理工作绩效的主要指标。企业通过投诉处理过程期望达到的理想的目的是使顾客抱怨变成顾客跟随，是为了培育顾客的忠诚意识，变被动为主动。

九、方针的概念

方针：由组织的最高管理者正式发布的该组织总的投诉处理宗旨和方向。

方针是指导组织某项事业向前发展的纲领。是组织最高管理者意识的正式表述,是需要所有相关的员工必须严格信奉和坚持的原则、条例、意见和教训的条文或概要。

十、过程的概念

过程:一组将输入转化为输出的相互关联或相关作用的活动。

所有的活动都是通过过程来完成的。每一个过程都由输入、相互关联或相互作用的活动和输出等三个环节所组成。受理顾客投诉,通过受诉处理活动来实现顾客满意的互动的活动可以视为组织的一个过程。

第三节　投诉处理的指导原则

一、透明的原则

应向顾客、员工和其他相关方公布如何进行投诉和投诉地点信息。

任何一个组织都应将受理顾客投诉的信息予以公开,包括受理投诉的电话、网络、或受理顾客投诉的具体地点。

二、方便的原则

投诉处理过程应让所有投诉者易于使用,并能得到进行投诉和解决投诉的有关详细信息。投诉处理过程和支持性信息应易于理解和使用,信息应表达清楚。进行投诉时组织提供的信息和帮助(见附录B)应与提供产品时的语言或形式相同,包括其他可供选择的形式,如大字体印刷、盲文或录音磁带等,以避免投诉者处于不利地位。

GB/T 19012—2008 idt ISO 10002:2004 标准要求应该针对所有的

客户群提供足够的投诉渠道。或者说组织所规定的投诉渠道应该适用于所有的客户群，包括本地客户、外地客户和国外客户等，还应考虑特殊群体的客户，比如老人、儿童、盲人等。组织所建立的受理顾客投诉的渠道应方便所有的投诉者使用，包括正常消费群体，也应方便特殊消费群体，比如说老人和儿童以及残疾人群。

所有的投诉者均应通过投诉渠道获知组织受理顾客投诉和解决投诉的途径的详细信息。这应包括在投诉处理过程中所有的支持性信息，这些信息应清晰，并便于所有的投诉者使用。

如果一家组织所生产的产品适用于所有的消费群体，但仅设置了一部受理投诉的电话，那么，这对于聋哑人而言就形同虚设。

组织所公布的受理投诉的方式和信息应该是容易获取的，且通俗易懂。

受理投诉的信息的表述应引导（或鼓励）顾客或消费者及时向组织反映产品质量或处理投诉过程本身可能存在的异常。包括对产品所存在问题的描述、发生的时间以及发生问题的情景或背景资料。

组织所建立的受理投诉处理的渠道和所公布的信息方式应适当考虑包括如大字体印刷、盲文或录音磁带等，以避免投诉者处于不利地位。

三、响应的原则

收到每项投诉后都应及时告知投诉者，应按照其紧急程度进行处理。例如重大的健康和安全问题应立即处理。应礼貌地对待投诉者，并告知其投诉在投诉处理过程的进展。

组织应对顾客的投诉作出积极响应。组织在获知顾客投诉并经初步评审后，应及时告知投诉者可能的投诉处理方式和处理时限。

组织应对可能的投诉情况进行分类，确定不同投诉情况的投诉处理的流程，重大或紧急的投诉应立刻响应，并启动相应的投诉处理程序。涉及产品的安全性和可能会影响人身健康的重大投诉应立刻响应。

通常情况下响应的过程还应考虑到组织在接收顾客反馈的投诉信息过程中,对投诉者将要表达的核心内容以及主要细节应进行确认,若存在含糊的或不清晰的内容,应请投诉者予以确认,投诉受理人应记录确认结果。

组织应告知每一位投诉者已经获知投诉内容,并在积极处理过程中,必要时告知投诉者可能需要的投诉处理时限。

在受理投诉过程中,组织应友善的对待每一位投诉者,礼貌待客,耐心聆听顾客抱怨,诚意使用"非常抱歉,因我们的产品问题给您带来的不便,我们会及时有效并高效地按投诉处理程序进行处理的,并尽快给您一个满意的答复"。

组织应将投诉调查或处理过程的信息,包括投诉处理进展的情况及时通报给投诉者,增加投诉者的信心,同时,这样做可避免投诉升级。

四、公正的原则

在投诉处理过程中应平等、公正和无偏见对待每件投诉(见附录C)。

组织对顾客投诉的调查和处理应做到客观公正、公平、合理。

投诉处理过程公正的原则主要包括:

1.公开:组织应向涉及投诉的人员做好宣传,或在必要时,对相关人员进行培训,使之能够准确并容易理解组织的受理顾客投诉的渠道和信息,同时能够方便执行组织的投诉处理过程。

组织应对其投诉处理过程以及所规定的受理顾客投诉的渠道和公开信息进行广泛的宣传,包括使用大众媒体进行宣传,使工作人员和投诉者都能够理解、使用并遵循。

2.公平:在受理并处理顾客投诉过程中,组织应友善地对待投诉处理过程中所涉及的所有人员,包括投诉者、被投诉者或组织内部员工,应一视同仁,并避免任何偏见。

组织的投诉处理过程的设计应能保护被投诉者不受任何非公正的对待,重点是放在解决问题上而不是认定过失上。当投诉针对的是组织内部人员时,组织应进行独立调查。所有参与投诉案件调查的人员,应与投诉所涉及的被投诉人没有任何利益和利害关系。

3. 保密:组织投诉处理过程的设计应尽可能地保护投诉者和顾客的身份,这对于避免妨碍可能的投诉是很重要的,有些投诉者可能会害怕因提供身份详细信息而给自身带来麻烦或歧视。在受理顾客投诉过程中,组织应将记录投诉者可能的个人信息或隐私信息与组织内部用于投诉处理信息传递的记录分别使用,通常情况下,组织可分别使用"投诉者信息一览表"或"受诉信息登记表"和"投诉信息处理反馈记录"。

4. 方便:组织投诉受理的渠道应方便投诉者使用。组织应允许投诉者在任何合理的地点或时间使用投诉处理过程,投诉过程的信息应以清楚的语言表达和易于获得的方式提供给投诉者。

当投诉涉及供应链中不同环节的参与方时,比如说包括提供重要原配件和材料的供方,组织应制定协调的联合响应计划,必要时,共同组成联合投诉事故调查组。组织所确定的投诉处理过程应能使组织中与投诉相关的任何供方都能够及时了解投诉信息,以使其能够进行产品质量的改进。

5. 全面:针对一些重要或复杂的投诉,组织应该进行投诉处理调查。组织在进行投诉调查过程中,应尽可能通过与投诉涉及的双方人员面谈查找相关事实,确立共同的基础以及证实双方叙述的真实性。

6. 平等:在受理顾客投诉过程中,组织应平等对待所有投诉者以及可能涉及的员工个人,即被投诉者。

7. 慎重:在进行投诉处理过程中,即便是相同的投诉问题,但投诉者的需求和期望可能不同,因此,组织应仔细留意每个投诉案例,关注个体之间的差异和需求。可能针对每个具体的投诉案例,组织所进行的处理结果和回复内容以及回复方式是不同的。

组织在进行投诉处理过程中,应确保公正地对待被投诉人员,其内容主要包括:

(1)及时全面告知与其业绩相关的任何投诉;

(2)组织应给予被投诉者解释情况的机会,并允许他们得到适当的帮助;

(3)组织应让被投诉者随时了解投诉调查的进展情况及结果。

在面谈调查之前,告知被投诉人员全面详细内容是至关重要的。不过应遵循保密原则。

该过程应能消除人员顾虑,给予他们支持。应鼓励人员从被投诉经历中学习,更好地理解投诉者。

投诉处理的目的是有效地解决投诉者的抱怨。在投诉处理过程中,可能会涉及与投诉问题形成相关的岗位和人员,也可能是由于这些人员的工作所导致的质量问题,但组织如果把将投诉处理程序与处罚程序一起运用,可能很难找到导致问题的根本原因,不易于投诉问题的有效和高效的解决。因此,组织应将投诉处理程序与处罚程序分开。

组织在受理顾客投诉过程中,除了确保为投诉者保密之外,如果投诉是针对人员时,投诉处理过程还应确保为相关人员保密,确保这些投诉的详细内容应只能被直接相关的人员知道。

然而,同样重要的是不能把保密性作为推卸处理投诉的借口。

组织应对投诉处理过程的公正性进行监视。组织应重点监视对于投诉的回复,以确保投诉的公正处理。组织对公正性进行监视和测量的方法可以包括:

(1)通过随意抽取已处理投诉案件的方式进行定期监视(如每月);

(2)组织可设计一份针对投诉者的“投诉处理满意度调查表”,通过对投诉者进行满意度调查,并询问他们在进行投诉过程中是否得到公正对待。

五、免费的原则

投诉处理过程应对投诉者免费。

所有的投诉渠道都不应该向投诉者收取任何费用。通常情况下,组织应设置 800 - 或 400 - 电话呼叫中心,受理顾客的电话投诉。

六、保密的原则

需要时，可获取投诉者的个人可识别信息，但只能用于组织内部处理投诉，非经顾客或投诉者同意，不得将其公开，并应主动避免其被透露。

在事情没有得到圆满解决之前，组织不应公开与投诉内容有关的信息，以免影响调查的公正性。与投诉者有关的个人信息，组织在任何情况下都应给予保密，不得向任何第三方披露，除非得到投诉者个人的书面同意。

通常情况下，与投诉者个人有关的信息应保存在受理顾客投诉的部门，不宜在进行投诉信息传递中披露。

七、以顾客为关注焦点的方法

组织应当采取以顾客为关注焦点的方法，公开包括投诉在内的反馈，并应以行动履行解决投诉的承诺。

组织依存于顾客。因此，组织应当满足顾客需求，并争取超越顾客期望。

在投诉处理过程中，组织应站在顾客的角度，从投诉者的角度去考虑所达成的投诉处理结果，认真履行最高管理者所确定的解决顾客投诉的承诺。不要仅仅从保护组织自身利益的角度去考虑投诉处理结果。

比如说，很多商业组织在处理顾客投诉过程中，仅仅承诺维修、更换配件或换货而不退货。

八、责任的原则

组织应确保建立对投诉处理活动和决定的责任和报告制度。

在投诉处理过程中，组织应明确与投诉处理过程相关的职能部门和人员的职责和权限，尤其是涉及可能导致投诉问题发生的责任单位或人员应积极采取纠正或预防措施的职责和权限。同时,组织应规定投诉处理的准则,凡可能超越员工处理投诉权限的投诉问题应及时予以报告。

组织负责投诉处理的职能部门应建立定期报告制度,规定报告的周期和报告的内容,包括投诉问题的分类、频数、导致的经济赔偿额度等,定期向最高管理者提供用于决策的投诉处理数据。

九、持续改进的原则

投诉处理过程和产品质量的持续改进应当是组织永恒的目标。

改进没有终点。持续改进组织的产品质量和组织的投诉处理过程业绩应该是每一个组织永恒的工作目标。组织只有通过不断地实施质量改进才能增加组织在国内和国际市场上的竞争力。

第三章

投诉处理框架

第一节　承　诺

由组织的最高管理者主动倡导和表明有效和高效地处理顾客投诉的承诺尤其重要。

郑重承诺对投诉做出回复，将使员工和顾客都能够对组织的产品和过程改进做出贡献。

这种承诺应反映在确定、宣传和贯彻解决投诉的方针和程序的方面。管理者的承诺应体现为提供适当的资源（包括培训）。

组织的最高管理者应对有效和高效地处理顾客投诉作出承诺，这是任何一个组织义不容辞的责任。任何一个组织的管理者都应认识到，顾客投诉是顾客馈赠给组织的最好礼物，给组织提供了改进产品质量和过程方法的绝好机会，员工和顾客通过最高管理者的有效和高效地处理顾客投诉的承诺，感受到组织对质量问题的重视程度，进而激发员工和顾客关注和改进组织产品质量和投诉处理过程的决心，这有助于组织的产品和生产工艺或服务过程方法的改进。

作为组织的管理者应认真关注和受理顾客投诉,积极建立和完善顾客投诉处理体系。针对每一件顾客投诉,组织均应郑重地进行回复,增加顾客投诉的信心。

组织对有效和高效地处理顾客投诉的承诺应反映在确定、宣传和贯彻解决投诉的方针和程序的方面。

需要时,组织可编制顾客投诉处理手册。

组织应对与顾客投诉相关的人员进行必要的投诉处理流程、方法和投诉处理技巧的培训。组织应鼓励员工认真对待顾客的每一次投诉,积极查找导致投诉发生的原因,制定出相应的纠正措施,防止类似问题的再发生。

组织的最高管理者应承诺为有效和高效的投诉处理过程和活动配备恰当且充分的资源。

资源应包括人员、培训、程序、文件、专家支持、材料和设备、计算机硬件和软件、资金等。

投诉处理过程的人员选择、配备和培训是影响投诉处理质量的特别重要的因素。

第二节 方　针

最高管理者应建立明确的、以顾客为关注焦点的投诉处理方针。这个方针应让全体员工充分了解,并使顾客和其他相关方也可获得。这个方针应由过程中各个程序和目标予以支持,这些程序和目标应规定过程中的每项职能和个人作用。

建立投诉处理过程的方针和目标时,应考虑下列因素:

——相关的法律法规要求;

——财务、运行和组织的要求;

——顾客、员工与相关方的输入。

投诉处理方针应与质量方针保持一致。

组织的最高管理者应建立和保持明确的，以顾客为关注焦点的投诉处理方针。

组织应在其内部对全体员工进行投诉处理方针的培训，确保所有人员充分理解组织投诉处理方针的内涵，并在实际工作中坚持贯彻执行。

组织的投诉处理方针应能为消费者及其他相关人员所获取。或者说当消费者及其他相关人员需要获取组织的投诉处理方针时，组织应予以提供。

组织在确定投诉处理过程中，应确保每项职责的目标和程序以及员工的角色都要支持组织的投诉处理方针。组织的任何投诉处理活动都不应与组织的投诉处理方针相矛盾。

组织的管理者在确定投诉处理方针和目标过程中，应充分考虑以下因素：

1. 适用的法律法规和规范要求；

2. 财务状况、投诉管理体系的运行情况以及组织自身的要求；

3. 顾客、员工和其他相关方人员的意见。

投诉处理方针应与组织的质量方针保持一致。

例如，某组织的投诉处理方针如下：努力关注顾客需求；积极处理顾客投诉；快速消除顾客疑虑；竭力争取顾客满意。

第三节　职责与权限

一、最高管理者应负有下述职责

a）确保在组织内建立投诉处理过程和目标；

b）确保按照组织的投诉处埋方针策划、设计、实施、保持和持续改进投诉处理过程；

c）识别和配置有效和高效的投诉处理过程所需的管理资源；

d）确保在整个组织内以顾客为关注焦点，增强投诉处理过程意识；

e）确保投诉处理过程的相关信息以简便易行的方式传递给顾客、投诉者和直接相关方（见附录C）；

f）指定一名投诉处理管理者代表，并明确规定其职责和权限及5.3.2规定之外的职责和权限；

g）确保建立能够快速有效地向最高管理者通报重要投诉的过程；

h）定期评审投诉处理过程，确保其有效和高效地保持并持续改进。

二、投诉处理管理者代表应负有下述职责

a）建立投诉处理的业绩监督、评价和报告程序；

b）向最高管理者报告投诉处理过程有关事项，并提出改进建议；

c）保持投诉处理过程的有效和高效运作，包括所需员工的聘用和培训、技术要求、文件、设定和达到目标的时限及其他要求，并评审该过程。

三、与投诉处理过程有关的其他管理人员在其职责范围，应负有下述职责

a）确保投诉处理过程得到实施；

b）与投诉处理管理者代表保持联系；

c）确保以顾客为关注焦点，增强投诉处理过程意识；

d）确保投诉处理过程有关信息易于获得；

e）报告与投诉处理有关的措施和决定；

f）确保投诉处理过程得到监视并予以记录；

g）确保采取措施，纠正问题，防止问题再发生，并记录事

实；

h）确保最高管理者评审时能够获得投诉处理数据。

四、与顾客和投诉者接触的所有人员应

——接受投诉处理培训；

——遵守组织确定的对投诉处理进行报告的要求；

——礼貌待客，对投诉迅速做出反应，或将其引导至适当的人员；

——具备良好的人际交往和沟通技巧。

五、全体人员应

——清楚其与投诉相关的作用、职责和权限；

——清楚应遵循的程序和应提供给投诉者的信息；

——报告对组织有重大影响的投诉。

具有一定规模的组织可设置投诉处理机构。有条件的组织可设置独立的投诉处理机构，也可以设在质量管理部门。不适宜单独设立机构的组织，最高管理者应直接负责或指派专人负责投诉处理工作。

组织应书面规定与投诉处理相关的人员的投诉处理的职责与权限。

一、最高管理者投诉处理的职责与权限

1. 负责制定和发布投诉处理方针，并确保在相关职能和层次上建立投诉处理目标。

2. 负责组织建立和完善投诉处理过程，并确保按照投诉处理方针的要求进行投诉处理过程的策划、设计、实施、保持和持续改进。

3. 负责识别和配置为投诉处理过程有效和高效地运行所需的管理资源。

4. 负责确保在组织内形成以顾客为关注焦点，增强投诉处理过程的有效性的意识。

5. 负责建立和完善受理顾客投诉的渠道,并确保投诉处理过程的相关信息以简便易行的方式传递给顾客、投诉者和直接相关方。

6. 负责任命或委托投诉处理管理者代表,规定其投诉处理的职责与权限以及其他职责与权限。

7. 负责建立顾客投诉快速通报过程,确保最高管理者及时获知可能有重要影响的顾客投诉信息。

8. 负责定期评审投诉处理过程,确保其有效和高效地保持并持续改进。

二、投诉处理管理者代表投诉处理的职责与权限

1. 负责建立和保持投诉处理的业绩监督、评价和报告程序。

2. 负责向最高管理者报告投诉处理过程的有关事宜,并提出改进建议。

3. 负责保持投诉处理过程的有效和高效运作。

4. 负责招聘和培训适当的投诉处理工作人员。

5. 负责提供投诉处理过程所需的技术要求和文件以及必需的工作环境。

6. 负责规定或确定相关职能部门和层次达到投诉处理目标的时限以及其他要求,并组织评审上述过程。

三、与投诉处理过程有关的其他管理人员投诉处理的职责与权限

1. 负责确保投诉处理过程得到实施。

2. 负责与投诉处理管理者代表建立联络关系。

3. 负责实施服务顾客的意识培训,确保在组织形成以顾客为关注焦点和增强投诉处理过程的意识。

4. 负责确保与投诉处理过程有关的信息容易被获得。

5. 负责报告关于投诉处理过程有关的措施和决定。

6. 负责确保对投诉处理过程进行监视并予以记录。

7. 负责确保采取纠正措施,以防止类似事件再发生,并记录。

8. 负责对投诉资料进行收集、分析和处理,确保最高管理者进行管理评审时能够获得投诉处理数据。

四、与顾客和投诉者接触的人员投诉处理的职责与权限

1. 负责接受与投诉处理有关的培训。

2. 负责遵从组织所确定的对投诉处理进行报告的要求。

3. 负责友善地对待顾客或投诉者,对投诉迅速作出反应,将其引导至适当的人员。

4. 负责努力提高沟通技巧和保持良好的人际关系。

五、其他工作人员投诉处理的职责与权限

1. 负责认真贯彻执行投诉处理程序和标准以及惯例。

2. 负责积极维护组织在顾客中所树立的良好形象和信誉。

3. 负责按许可规定向投诉者提供信息。

4. 负责及时准确向上级汇报对组织有重大影响的投诉。

组织在职责与权限或程序中可以进一步细化投诉处理报告以及对投诉处理过程进行监视和测量的职责与权限。

第四章

策划与设计

第一节 总 则

组织应策划和设计有效和高效的投诉处理过程，以提高顾客忠诚度与顾客满意度，并改进所提供产品的质量。这个过程应当由一系列相互关联的活动组成，这些活动的功能应相互协调，并使用人员、信息、材料、财务和基础设施等多种资源，以使过程符合投诉处理方针并能实现目标。组织应当参考其他组织在投诉处理方面的先进经验。

组织应策划和设计有效和高效的顾客投诉处理过程。投诉处理过程应由一系列相互关联和相互作用的活动所组成。

通常情况下，投诉处理过程应该由图 4－1－1 所述活动组成。

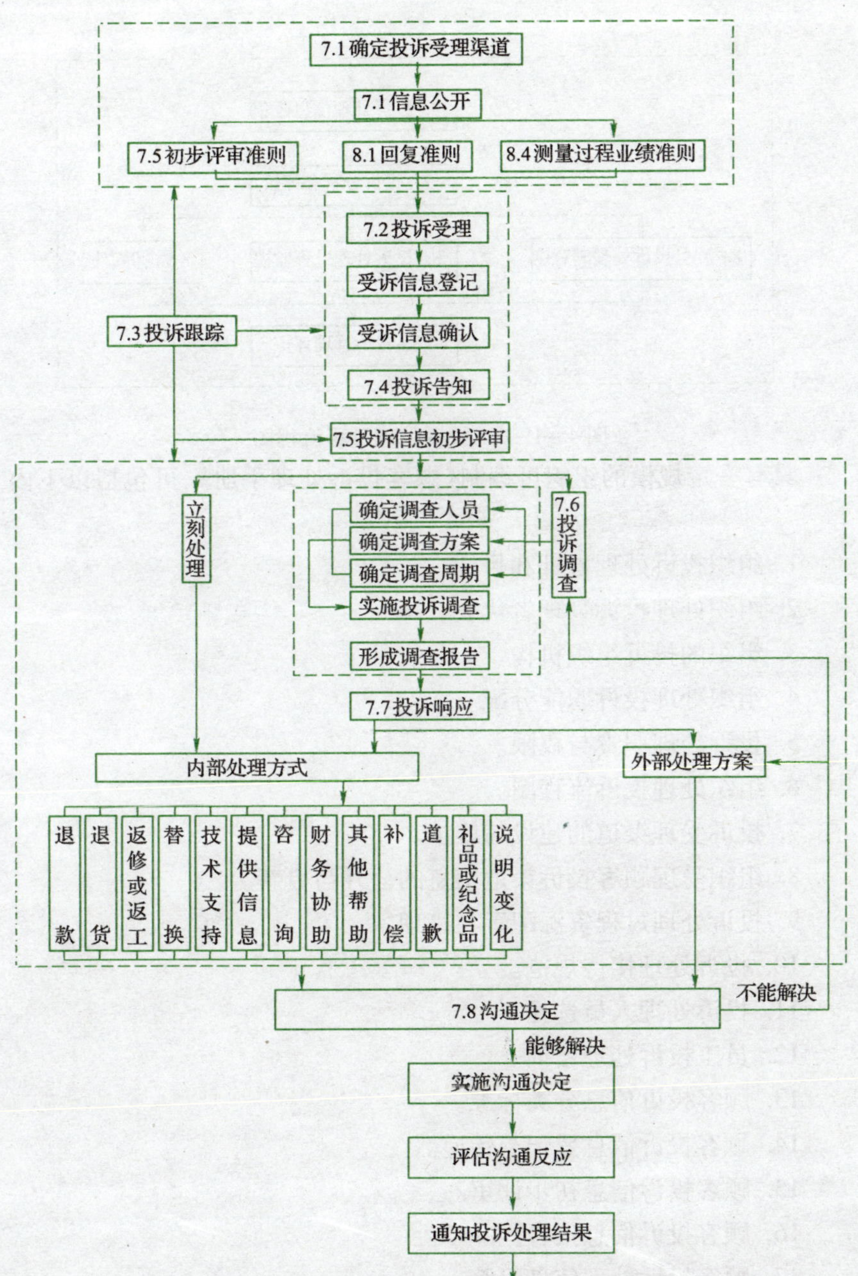
7.1确定投诉受理渠道
7.1信息公开
7.5初步评审准则
8.1回复准则
8.4测量过程业绩准则
7.2投诉受理
受诉信息登记
7.3投诉跟踪
受诉信息确认
7.4投诉告知
7.5投诉信息初步评审
立刻处理
确定调查人员
确定调查方案
确定调查周期
实施投诉调查
形成调查报告
7.6投诉调查
7.7投诉响应
内部处理方式
外部处理方案
退款
退货
返修或返工
替换
技术支持
提供信息
咨询
财务协助
其他帮助
补偿
道歉
礼品或纪念品
说明变化
7.8沟通决定
不能解决
能够解决
实施沟通决定
评估沟通反应
通知投诉处理结果

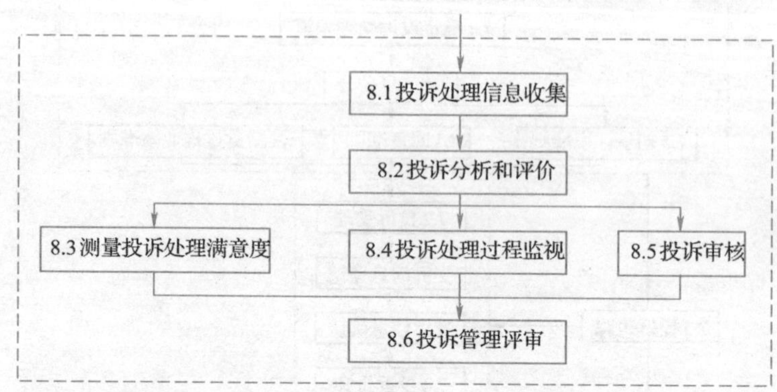

图 4－1－1　投诉处理过程流程图

具有一定规模的组织可编制《顾客投诉处理手册》,可包括以下内容。

1. 组织投诉处理方针和目标。
2. 组织处理投诉管理者代表。
3. 组织的投诉组织机构。
4. 组织处理投诉职能分配。
5. 投诉处理职责与权限。
6. 组织处理投诉流程图。
7. 投诉受理渠道的建设与维护。
8. 组织受理顾客投诉渠道信息的公开与更新。
9. 投诉处理过程资源配置与管理。
10. 投诉处理接待规范。
11. 投诉处理人员选择。
12. 员工投诉处理培训。
13. 顾客投诉信息分类标准。
14. 顾客投诉信息登记与传递。
15. 顾客投诉信息初步评审。
16. 顾客投诉信息报告。
17. 顾客投诉处理信息跟踪。

18. 顾客投诉调查。
19. 顾客投诉处理响应程序。
20. 顾客投诉处理争议处理规范。
21. 顾客投诉处理信息记录管理。
22. 顾客投诉处理信息的收集、分析与报告。
23. 投诉处理过程的监视和测量。
24. 投诉处理过程满意度评估。
25. 投诉处理过程审核。
26. 投诉处理过程管理评审。

有关投诉处理过程文件的结构和投诉处理程序的编制可参见第七章的相关内容。

第二节 目 标

最高管理者应确保在组织的相关职能和层次上建立投诉处理目标。这些目标应是可测量的,并与投诉处理方针保持一致。这些目标应细化为一定时期的业绩准则。

投诉处理目标是指组织在投诉处理方面所追求的目的。

组织内部与投诉处理过程相关的职能部门均应建立投诉处理目标。投诉处理目标应体现在投诉处理的每一个过程或环节上,包括从组织接到顾客投诉直到投诉被解决的每一个步骤。所有的投诉处理目标应是可以测量的,可以作为处理投诉活动过程中每一个环节的业绩准则。

投诉处理目标的设定可以帮助组织很容易找到改进顾客满意程度的方向。

第三节 行 动

最高管理者应确保投诉处理过程策划的实施,以保持和提高顾客满意。投诉处理过程可以与组织的质量管理体系的其他过程相结合或保持一致。

目标确定之后,组织内部各相关部门和人员应按照最高管理者的策划安排实施顾客投诉的处理,以保持和提高顾客满意。

投诉处理过程的管理可以作为组织质量管理体系的一个组成部分,比如可以结合 GB/T 19001—2000 标准的 7.2.3 条款的要求进行控制。

第四节 资 源

为确保投诉处理过程有效和高效地运行,最高管理者应评估资源需求并提供资源。这些资源包括人员、培训、程序、文件、专家支持、材料和设备、计算机硬件和软件、资金等。

投诉处理过程的人员选择、配备和培训是特别重要的因素。

资源,尤其是从事受理和处理投诉的人员的能力可能直接影响投诉处理的效果。作为组织的最高管理者应充分认识到资源的重要性。

完善的顾客投诉处理流程和准则,以及客户数据库的建立和完善可能会缩短投诉处理的周期。

组织应规定从事投诉处理人员的能力需求,包括教育、培训、技能和经验,作为组织选择适宜投诉处理人员的依据。

通常情况下,从事与投诉处理过程有关的人员应具备以下知识技能。

1. 大专以上学历。

2. 熟练掌握国家有关投诉处理的法律、法规和标准。

3. 熟悉本公司的投诉处理过程、程序及准则。

4. 熟悉本行业投诉处理惯例。

5. 熟悉本公司的产品或服务,包括基本原理或流程以及产品或服务标准。

6. 一定的公共关系的知识和技能。

7. 良好的职业道德和沟通协调能力。

组织应采用培训或其他方式，确保相关人员具有投诉处理的相关知识和技能，并能够准确理解组织的最高管理者对投诉处理的承诺，熟悉岗位职责和权限。在进行投诉处理过程中，投诉处理人员能够保持良好的接待规范，能够端正接待处理投诉的态度，达到投诉处理的目标。

培训应满足与顾客接触的人员接受投诉处理培训的比例，并通过考核、考试达到培训的有效性和效率。

组织应组织建立并完善与投诉处理有关的过程和程序，规定相应投诉处理准则，收集与产品质量有关的法律、法规和标准。

组织应储备专家资源，当组织遇到复杂投诉时，可以寻求专家提供涉及产品的技术支持。

组织应为有效和高效地处理投诉配备必需的基础设施，包括投诉受理场所、办公地点、资料存放等。

为方便和高效地处理顾客投诉，组织应考虑配备必要的计算机硬件和软件，建立和完善客户资料和数据库等。

第五章

投诉处理程序的运作

第一节　沟　通

投诉处理过程的有关信息，如手册、宣传单、电子信息等，应使顾客、投诉者和其他相关方易于获得。这些信息应使用明确的语言和适用于上述所有人的形式，不使任何投诉者处于不利地位。

以下是这些信息的示例：

——投诉地点；

——投诉方式；

——投诉者提供的信息(见附录B)；

——处理投诉的过程；

——投诉处理过程各阶段时限；

——投诉者选择的补救方式，包括外部解决方式(见7.9)；

——投诉者如何获得投诉进展的回复。

投诉处理的首要环节是建立和维护受理顾客投诉的渠道。怎样做才能方便顾客找到投诉的渠道？通常情况下，组织可在产品说明书、产品使用手册、服务须知、电子媒体或企业网站以及大众传媒上或其他方式公布或说明有关受理顾客投诉的渠道，这些方式应能适用于使用组织产品或服务的不同顾客群体。

通常情况下，投诉者应获悉的信息包括以下几点。

1. 投诉地点。

2. 投诉方式，包括来访、来函、来电等。

3. 投诉者提供的信息，包括投诉者的个人信息、产品以及所发生的问题的描述、投诉者的补偿要求以及与投诉内容有关的背景资料等。

4. 组织处理投诉的主要过程。

5. 组织投诉处理过程各阶段时限，应包括从受理顾客投诉到顾客获得满意答复的全过程时间。

通常情况下，组织对能够当场解决的问题，应立即解决，对在规定时间内能够解决的问题，应尽早解决。当组织对在规定时间内难以处理的投诉（如：因鉴定、检测、收集资料等其他原因耽误的时间）应向投诉者说明原因，并确定解决的时间。

组织应确定投诉者可选择的解决方式，包括内部补救方式和外部补救方式。

投诉者可选择的内部补救方式，包括：

——退款；

——换货；

——返修/返工；

——替换；

——技术支持；

——提供信息；

——咨询；

——财务协助；

——其他帮助；

——补偿；

——道歉；

——礼品或纪念品；

——说明由于投诉带来的产品、过程、方针或程序的变化。

投诉者可选择的外部补救方式，包括：

——双方进一步协商和解；

——申请第三方进行调解；

——向行政主管部门申诉；

——向消费者组织申诉；

——向仲裁机构申请仲裁；

——向人民法院起诉等。

采取协商和解是组织解决争议的最佳选择。

组织应规定投诉者如何获得投诉进展的回复。在组织受理顾客投诉的处理过程中，组织应主动与投诉者进行联系，告知投诉处理的进展情况，或向投诉者说明投诉问题的调查情况，协商处理意见。

对于较复杂的投诉，组织应向投诉者展示全部的调查资料，并给出书面的处理决定，其内容可能包括：

(1)调查核实过程；

(2)事实与证据；

(3)处理依据；

(4)处理意见等。

第二节 投诉受理

对于初次投诉的报告，应记录投诉的支持性信息并赋予唯一的识别代码。初次投诉记录应当确定投诉者所寻求的补救要求，以及为有效处理投诉所必需的信息，包括：

——对投诉和相关支持信息的描述；

——补救要求；

——投诉涉及的产品或组织行为；

——预期的回复时间；

——人员、部门、分支机构、组织和市场区域的信息；

——已及时采取的措施(如果有)。

详细内容见附录B和附录D。

受理投诉是处理投诉的开端。为保障投诉处理的正常进行，组织内负责投诉处理的人员应热情、友好地接待投诉者，理解投诉者的情绪，不要与投诉者辩解和争论。投诉受理人员在接诉过程中应认真倾听顾客的投诉，弱化投诉者的不满情绪，仔细了解顾客投诉事件的全过程，详细记录顾客投诉的全部内容。

组织应声明投诉受理的范围及具体内容，为投诉处理的各个环节做好基础工作。属于本组织所设计、生产、销售或提供服务的产品或服务以及投诉处理质量的反馈应属于正常投诉。通常情况下，组织不受理由于不可抗力所导致的产品质量问题的投诉以及超过规定时限的投诉。

组织应明确规定受理顾客投诉的方式。这些方式应能满足所有投诉者的需要，适用于所有的投诉者，而且灵活方便，包括：

——来访；

——来函；

——来电；

——其他。

所有受理投诉的方式均应免费。

组织应明确规定与顾客接触的人员在现场解决投诉的权限，以方便快捷解决简单投诉。

组织应编制一份受理投诉的登记表，可包括以下内容。

1. 投诉者的详细通讯地址、住址、电话、传真、邮政编码以及电子邮件地址等。

2. 投诉者的姓名、性别、年龄、民族、国籍、文化程度、职业、宗教信仰等。

3. 投诉者工作单位、所在区域。

4. 被投诉的产品名称或服务。

5. 投诉的事由或事情经过(包括发生时间)。

6. 投诉者出具的实物证据及资料。

7. 解决方式,包括组织预计的回复时间。

8. 被投诉的组织名称以及负责人或接待人员的姓名、性别、年龄、职务等。

9. 已经采取的措施或处理结果。

为方便检索和识别,组织应规定对初次投诉者的唯一识别代码。

组织可根据自己的产品和服务特点设计适宜的投诉信息登记表式样。

组织应对登记的内容负有保密的责任,对于投诉者不愿意提供的与个人隐私有关的登记内容,组织应予以尊重和理解。

组织内负责投诉受理的人员,应在充分了解顾客的投诉内容后,判断投诉者的投诉理由是否充分,投诉处理要求是否合理。如果投诉者所陈述的投诉理由显失客观公正,受理人员应以婉转的方式答复顾客,取得顾客的谅解,消除误会。

第三节 投诉跟踪

从最初收到投诉直至使投诉者满意或做出最后决定的整个过程都应对投诉实施跟踪。应投诉者要求和定期的,至少在规定的最后期限之前,投诉者应可以了解到投诉处理的最新状况。

组织应确定投诉处理过程中的回复过程,及时向投诉者反馈投诉处理的相关信息。

组织可以规定一份用以记录回复顾客投诉处理的记录,记录投诉者所要求的回复时限。

组织应确保在整个投诉处理过程中,所有的投诉者都能够及时了解到组织投诉处理的最新进展情况。组织应根据初步评审结果确定针对不同的投诉者的投诉内容所确定的不同的回复时限、回复的信息内容以及回复的具体格式。

通常情况下,针对复杂或重要投诉,至少每天进行一次回复比较合适。

组织可针对可能发生的产品质量问题的严重程度,确定投诉处理的回复权限等级。

第四节　投 诉 告 知

每件投诉收到后都应立即通知投诉者(如通过邮件、电话或电子邮件)。

组织收到投诉者使用电话、信函或电子邮件进行产品投诉的信息后,负责受理顾客投诉信息的处理部门或人员应立刻告之投诉者:您的投诉信息我们已经收到,并已经转相关部门进行处理,我们会与您保持联系,并随时向您通报最新的处理信息以及处理结果,再次感谢您对我们工作的支持。

顾客投诉信息经初步评审后,若可以立刻作出投诉处理决定的,可即刻同时回复投诉者投诉处理结果。若投诉者接受投诉处理结果则投诉处理关闭。否则,启动继续处理投诉的程序。

第五节　投诉初步评审

收到的每件投诉都应按准则进行初步评审,如激烈程度、安全隐患、复杂程度、影响,立即采取措施的需要与可能性等。

组织应对可能收到的顾客投诉信息进行分类,制定出《顾客投诉信息评价准则》,如表 5－5－1 所示。

表 5－5－1　顾客投诉信息评价准则

激烈程度	A	言辞激烈、愤怒、不容道歉,可能会导致非正常投诉
	B	言语强硬、反复强调投诉问题
	C	言语平和、真诚反映问题
安全隐患	A	已经造成人员伤亡或可能造成人员伤亡或可能造成重大环境污染事件或重大财产损失
	B	可能会造成人员伤害或危及人员健康
	C	不存在任何安全隐患
复杂程度	A	所反映的问题涉及相关法律法规或规范,需作详细调查
	B	所反映的问题涉及多个元器件或过程或人员
	C	所反映的问题比较单纯,处理起来比较简单
影响范围	A	影响范围可能涉及投诉者全部或部分生产或影响所有的使用者
	B	已经影响到局部顾客群体,至少发生三起以上类似问题
	C	仅影响投诉者个体
采取措施	A	需立即采取措施
	B	需采取措施
	C	不需要采取任何措施

组织顾客投诉受理部门或人员应根据对顾客投诉内容的初步评审意见,采取以下措施。

1. 立刻处理。
2. 需要相关部门协助处理。
3. 需要立刻报告最高管理者。
4. 需要进行投诉调查。
5. 需要立刻组成投诉处理协调小组。

第六节　投 诉 调 查

应当尽可能调查所有有关投诉的背景和信息。调查深入程度应当与投诉严重性、发生频次和激烈程度相适应。

必要时,组织应对顾客投诉内容进行调查。

1. 选派合适的人员,组成顾客投诉处理事故调查组,委派调查组负责人,事故调查至少由二人组成。

2. 收集顾客投诉信息,确定顾客投诉调查方案,包括调查项目、调查渠道、重点调查内容以及所需的调查资源。

3. 组织应根据顾客投诉内容的严重性和难易程度,确定调查所用的最短时限,限期完成顾客投诉的调查任务。

4. 实施顾客投诉调查:

a. 调查投诉问题所发生的具体时间和具体地点。

b. 必要时,进行检查现场,收集导致投诉问题发生的痕迹、物证以及进一步开展调查的线索。

c. 做好详细记录,进行现场拍照并委托有关部门绘制事故现场图。

d. 若发生伤害事故时,需了解受伤害人数、伤害部位、伤害程度,并了解医疗部门对伤亡情况的诊断报告。

e. 进而调查导致事故的起因,向事故当事人、在场人员及相关人员了解事故发生前后的具体情况,包括与事故有关人员的情况,即姓名、性别、年龄、教育程度、职业等。

f. 向有关部门索取与事故有关的资料,提出事故经济损失报告。

g. 必要时,组织对事故发生、发展有着重要作用的设备、材料做必要的技术鉴定或对事故的发生机理、作用、过程及防范措施进行必要的模拟试验。

5. 形成顾客投诉处理调查报告,其内容包括:

a. 前言(扼要说明顾客投诉调查的经过,顾客投诉发生的时间、地点、简单经过和造成的损失情况)。

b. 顾客投诉问题发生概况(详尽说明顾客投诉问题发生的全过程及受害人、和相关人员的基本情况)。

c. 原因分析(深入分析导致投诉发生的直接原因和间接原因)。

d. 责任分析与处理意见(在进行上述分析的基础上,确定导致顾客投诉发生的主要责任和次要责任,依据相关规定或处理依据,提出对顾客投诉处理的初步意见)。

e. 防范措施（针对其主要原因制定出纠正措施）。

f. 调查组成员的姓名、职务及单位。

顾客投诉处理报告还应包括以下资料。

(1)现场调查记录、图纸、照片。

(2)技术鉴定和试验报告。

(3)物证、人证材料。

(4)直接经济损失和间接经济损失材料。

(5)顾客投诉调查笔录。

(6)医疗部门对受伤害者的诊断资料（必要时）。

第七节 投诉响应

组织应进行适当的调查，并作出相应的响应（见附录E），例如纠正问题并防止其再发生。如果投诉不能立即解决，应尽快制定有效的解决方案（见附录F）。

组织应确定针对所有投诉的响应方式和流程。响应速度是有效处理顾客投诉的关键。速度体现了态度，一旦解决问题的时间被拖延，不论投诉处理的结果如何，顾客都不会满意。而且时间拖得越久，组织为投诉处理所付出的代价将越大。

组织在进行顾客投诉调查的基础上，应对顾客投诉作出相应的响应（见第五章第一节投诉者可选择的补救方式）。

投诉响应体现出公平、公正、合理的原则。

投诉响应应符合以下几点。

1. 国家有关法律法规。
2. 有关产品质量方面的国家标准、行业标准、企业标准。
3. 本组织投诉处理程序或规定。
4. 本组织的质量承诺和投诉处理承诺。
5. 同行业或国际惯例。

组织在作出投诉响应过程中，还应考虑以下问题。

(1)投诉所涉及的所有方面。

(2)后续工作（必要时）。

(3)是否有必要向其他有同样遭遇,但未进行正式投诉的顾客提供补偿。

第八节　沟通决定

针对投诉的决定或采取的任何措施一旦形成,都应立即与投诉者和相关人员进行沟通。

组织对顾客投诉内容经过初步评审或进行顾客投诉调查后,应依据相关法律法规或规范作出投诉处理决定或采取必要的补救措施。这些决定或措施一旦形成,组织应主动与投诉者联系,说明调查情况,协商处理意见,沟通处理决定或措施,获取投诉者的理解和支持,并评估投诉者对沟通的反应。

对于较复杂的投诉,组织应向投诉者展示全部的调查资料,并给出书面的处理决定,其内容可包括:

——调查核实过程;

——事实与证据;

——处理依据;

——处理意见等。

在进行沟通决定过程中,应尽量避免争议。

第九节　投诉终止

如果投诉者接受所建议的决定或措施,该决定或措施就应得到实施并记录。

如果投诉者拒绝所建议的决定或措施,投诉仍应保持进行状态。应记录此情况,并应告知投诉者其他可用的内部和外部的处理方式。

组织应继续监督投诉进展,直至使用了所有合理的内部和外部处理方式,或达到投诉者满意。

组织所作出的投诉处理决定或措施,经与投诉者沟通,获得投诉者的同意后，组织应作出书面的投诉处理决定，并立即实施该决定或措施。组织应记录实施情况，包括投诉者对实施效果的评价。

若投诉者拒绝组织所作出的投诉处理决定或采取的措施，组织应尽可能采取其他内部处理方式继续进行投诉处理，包括进一步与投诉者协商和解。

组织应通报投诉者可能采取的内部处理方式和外部处理方式。可参见第五章第一节相关内容。

保持和改进

第一节 信息收集

组织应记录其投诉处理过程的业绩。组织应建立和实施记录投诉和回复程序以及使用和管理记录程序，同时保护个人信息并为投诉者保密。这些程序应包括：

a)规定识别、收集、分类、保持、保存和处置记录的步骤；

b)记录对投诉的处理并保持这些记录，应特别注意保存电子文件和磁记录载体，因为这些形式的记录会由于误操作或老化而导致丢失；

c)保持与投诉处理过程有关人员已经接受的培训和指导类型的记录；

d)规定组织回复已记录的投诉者或其代理人口头表达和书面提交请求的准则，可以包括时限、提供的信息种类、对象、格式等；

e)规定向公众公布无个人信息的投诉统计资料的时间和方式。

组织应保持与投诉处理业绩有关的记录,以便为进一步改进组织的投诉处理业绩提供依据。因此,组织应建立和保持《记录投诉和回复程序》和《投诉处理记录使用和管理程序》。

《投诉处理记录使用和管理程序》应包括以内容。

1. 识别投诉处理记录

组织投诉处理管理部门应识别与投诉处理有关的记录。

组织在受诉过程中,可能得到许多与产品或服务质量无关的信息,个别信息可能是恶意或无聊的。作为组织的受诉管理人员,首先应熟悉本组织的产品或服务类别,包括必需的基本过程,增强对有效投诉信息的判断能力。

在投诉处理过程中所涉及的与投诉处理过程有关的记录可能包括:

a. 顾客投诉信息登记表;

b. 投诉者情况一览表;

c. 投诉处理记录表;

d. 顾客投诉处理反馈单;

e. 顾客投诉处理调查报告;

f. 投诉处理培训记录;

g. 投诉处理分析和评价报告;

h. 投诉处理业绩监视记录;

i. 投诉处理满意度调查表;

j. 投诉处理过程审核报告;

k. 投诉处理管理评审记录等;

l. 投诉处理过程有关人员已经接受的培训和指导类型的记录。

必要时,组织应建立和保持投诉处理记录清单,规定投诉处理记录的名称、编号、使用部门、保存地点以及保存期限等。

组织应规定适用的投诉处理记录格式,包括必需的内容,并确保涉及投诉者个人信息的机密性。

2. 投诉处理记录的收集

组织应规定负责投诉处理记录的收集部门以及收集周期，部分投诉处理记录可能需要随时收集，有些记录可能需要在投诉处理结束后一定的工作日内完成收集，有些记录可能需要按月或季度进行收集，组织可根据其自身的情况作出规定。其目的是为了防止记录的丢失或损坏。

3. 投诉处理记录的分类与编目

组织应对所收集的投诉处理进行分类。通常情况下，涉及顾客投诉内容的记录，组织可按顾客名称或代码对投诉处理记录进行分类管理，也可以按照投诉的性质进行分类。在归档保存之前，组织可对所收集到的投诉处理记录进行编目，注明记录类别、名称、归档时间以及页码数。

4. 投诉处理记录的保存

投诉处理记录的保存环境应能够防止其丢失、损坏、霉变或鼠咬等。使用电子文件和磁记录载体所保存的投诉处理记录应有备份，并采取定期刻录光盘备份的形式予以保存。

5. 投诉处理记录的处置

记录保存至规定期限后，组织应按规定对记录进行处置。通常情况下，组织所采取的处置方式可包括销毁或延期保存。涉及顾客个人信息的记录在销毁过程中可安排监销人监销。

6. 投诉信息公示

组织应定期向公众公布无个人信息的投诉统计资料，包括产品或服务类别、投诉问题类别、投诉处理的满意度等。

组织应建立和实施《记录投诉和回复程序》，其内容可包括以下几点。

(1)记录投诉。组织应安排专门的人员记录顾客投诉。通常情况下，组织可设立顾客投诉台账和顾客投诉信息记录表，规定必须记录的投诉信息。

在记录投诉信息过程中，组织相关人员应确认与投诉处理相关的关键或重要信息是否存有遗漏以及其信息的完整性和正确性，并争取得到投诉者的确认。

这些活动通常在受诉过程中完成。必要时，组织可请投诉者进一步补充与投诉主体有关的背景信息。

(2)记录分类。组织负责投诉受理的人员应对所记录的投诉信息进行分类，以便确定回复投诉者或其代理人的时限和格式。

(3)投诉回复。投诉回复是组织进行投诉跟踪的重要活动。有效和及时的回复可以缩短组织与投诉者或其代理人的距离，减少沟通的难度。

通常情况下，组织应该做到针对投诉者或其代理人所提出的投诉内容的处理情况适时回复。对涉及顾客对产品改进的建议，在组织正式采纳后应及时通报顾客，并表示感谢。组织应区别投诉者或其代理人以及所投诉的内容的严重性。针对复杂的投诉应做到每天回复一次。针对一些重要或严重的投诉可以由组织的负责人亲自回复投诉者或其代理人，并向其表现出改进质量的诚意。当发生投诉者或其代理人对回复内容或回复人员个人表示不满意时，组织应及时作出调整。

组织应规定回复的格式，包括电话、传真、电子邮件和正式文件。所有的回复应予以记录，并确保所回复的内容前后一致，且避免矛盾。

组织应及时记录回复过程中投诉者或其代理人的反应。

第二节　投诉分析和评价

应对所有投诉进行分类并分析，以识别是系统性、重复性问题，还是偶然发生的问题，及其发展趋势，有助于消除产生投诉的根本原因。

1. 组织应对所有的投诉信息定期进行分类和分析，确定所存在的主要问题和趋向出现的频次，判断其是频繁发生、重复出现的系统性问题，还是偶然发生的个例，可以通过统计技术的应用，判断投诉问题的发展趋势。找出导致投诉发生的末梢原因，针对其末梢原因采取措施，消除导致投诉的原因。

投诉信息分类的方式可以包括以下几点。

(1)按产品类别分类;

(2)按产品销售区域或顾客类别分类;

(3)按月度或年度时间类别分类;

(4)同一产品的问题类别分类;

(5)按服务过程进行分类。

组织对投诉信息的分类方式可以包括上述的其中一种,也可以是其中的几种组合。

2. 对投诉处理信息分析时应考虑以下几点。

(1)收到的投诉;

(2)现场解决的投诉;

(3)优先次序排列错误的投诉;

(4)超出规定期限告知的投诉;

(5)超过规定期限解决的投诉;

(6)提交外部解决的投诉;

(7)重复发生的投诉或反复出现的但未形成投诉的问题;

(8)由于投诉所导致的程序的改进。

组织在选取投诉处理信息样本时应考虑其可比性。通常情况下,同一周期内的产品质量问题才有其分析的价值。

在进行投诉问题分析过程中,组织应特别关注管理的系统因素所导致的质量问题,这可能是导致投诉问题重复发生的主要原因。

在进行投诉问题分析过程中,通常可选用统计分析表、趋势图、柱状图、折线图、饼分图、直方图、条形图、排列图、因果分析图等统计技术工具进行分析和查找原因。

第三节　投诉处理过程的满意程度

应采取定期活动确定投诉者对投诉处理过程的满意程度。可以采取对投诉者随机调查的形式和其他方法。

注:改进投诉处理过程满意程度的一种方法是模拟投诉者与组织联系。

组织应通过投诉者对投诉处理过程和投诉处理结果的满意度测量,来寻找改进顾客投诉处理过程质量的机会。通常情况下,组织应每半年或一年至少进行一次完整的投诉处理过程满意程度的调查和分析,或是不定期对投诉者进行随机抽样调查,对已完成的投诉处理结果一定时期后进行跟踪回访等。

涉及顾客投诉处理过程满意度的指标可以包括以下几点。

1. 受诉过程指标:

a. 顾客投诉渠道的适宜性;

b. 受诉信息的方便性;

c. 受诉接待的满意度;

d. 顾客投诉信息记录的完整性和准确性。

2. 投诉响应速度;

3. 投诉处理过程的合理性;

4. 投诉处理回复的及时性;

5. 投诉处理结果的满意度。

组织可将上述指标设计成顾客满意度调查表发至投诉者,并给出每项指标的评级标准,方便顾客评价。组织可对回收的调查表进行统计分析,找出改进投诉处理过程的方向。

组织也可以采取暗访的方式,对组织处理投诉过程的满意度进行调查。

第四节　投诉处理程序的监视

应对投诉处理过程,必需的资源(包括人员)和所要收集的资料进行持续监视。

应按事先制定的准则测量投诉处理过程的业绩。

为了确保投诉处理过程的有效性和效率,组织应确定投诉处理的监视准则，并对投诉处理的过程业绩进行持续的监控。

在进行投诉处理过程业绩的监视时，组织应首先确定实施过程业绩监视和测量的职责，并确保对投诉处理过程的监视和报告，采取纠正措施的负责人员能够胜任是至关重要的。

组织应规定以下人员的职责和权限。

1. 最高管理者：

a. 负责确定对投诉处理过程的监视的目标；

b. 负责确定与投诉处理过程业绩监视有关的人员的监视职责；

c. 负责对监视过程进行评审；

d. 负责确保改进的实施。

2. 投诉处理管理者代表：

a. 负责建立业绩监视、评价和报告的过程；

b. 负责向最高管理者报告在投诉处理过程评审中发现的情况，以便进行必要的改进。

3. 投诉处理过程涉及的组织中其他管理人员：

a. 负责在其职责范围内对投诉处理过程进行适当的监视和记录；

b. 负责在其职责范围内采取纠正措施并予以记录；

c. 负责在其职责范围内向最高管理者对监视过程的评审提供适当的投诉处理数据。

组织应规定并使用投诉处理过程业绩监视准则，对投诉处理过程进行评价和监视。

不同组织的过程和产品差别很大，因此投诉处理过程的监视准则应与其相适应。

组织应开发适用其特定环境的投诉处理过程监视准则。

通常情况下，投诉处理过程业绩监视和测量的准则，可考虑和包括以下内容。

(1)是否建立和保持了投诉处理方针和目标，并便于获得；

(2)相关人员是否理解最高管理者对投诉处理的承诺；

(3)是否合理地分配了投诉处理的职责；

(4)与顾客接触的人员是否被授权在现场解决投诉;

(5)是否给与顾客接触的人员设定了回复的自主权限;

(6)是否指定了投诉处理专职人员;

(7)与顾客接触的人员接受投诉处理培训的比例;

(8)投诉处理培训的有效性和效率;

(9)相关人员提出的投诉处理过程改进建议的数量;

(10)相关人员对待投诉处理的态度;

(11)投诉处理审核或管理评审的频率;

(12)实施投诉处理审核或管理评审提出建议所用的时间;

(13)向投诉者回复的时间;

(14)投诉者的满意程度;

(15)所要求的纠正和预防措施过程的有效性和效率(必要时)。

对投诉处理的监视数据提供了处理投诉业绩的直接指标,因此数据的监视是很重要的。监视数据可以包括下列数字或比例。

(1)收到的投诉数量;

(2)当场解决的投诉数量和比例;

(3)优先次序排列错误的投诉数量和比例;

(4)超出规定期限告知的投诉数量和比例;

(5)超过规定期限解决的投诉数量和比例;

(6)提交外部解决的投诉数量和比例;

(7)重复发生的投诉或反复出现的但未形成投诉的问题数量;

(8)由于投诉所导致的程序改进数量。

组织应特别注意分析数据,因为:

——客观数据(如回复时间)可以显示过程运行的良好状态,但无法提供投诉者是否满意的信息;

——采用新的投诉处理过程后导致的投诉数量增加,可能反映出的是过程的有效,而并非是产品问题的增加。

组织相关部门应将监视和测量的结果形成文件,必要时,可采用饼分图或曲线图直观地表现监视结果。

第五节　投诉处理过程的审核

组织应当定期实施或提供审核，以评估投诉处理过程的业绩。审核应提供以下信息：

——过程与投诉处理程序的符合性；

——过程达到投诉处理目标的适宜性。

投诉处理审核可以作为质量管理体系审核的一部分，如按 GB/T 19011—2003《质量和（或）环境管理体系审核指南》执行。审核结论应在管理评审中加以考虑，识别发生的问题并进行投诉处理过程的改进。审核应当由独立于被审核活动的能胜任的人员进行。详细指南见附录 H。

为了持续改进组织投诉处理过程的有效性和效率，组织应策划对投诉处理的审核。

审核是指为获得审核证据并对其进行客观的评价，以确定满足审核准则的程度所进行的系统的、独立的并形成文件的过程。按照审核定义以及 GB/T 19011—2003 标准要求，投诉处理审核的主要目的是将投诉处理过程的实施情况与规定准则进行比较，以便于改进。

投诉处理审核准则可包括与投诉处理有关的方针、程序和标准。

基于审核的目的，组织通过投诉处理审核可以评估：

（1）投诉处理程序与组织方针和目标的符合性；

（2）遵循投诉处理程序的程度；

（3）现行投诉处理过程实现目标的能力；

（4）投诉处理过程的优点和弱点；

（5）投诉处理程过程及其结果的改进机会。

按照 GB/T 19011—2003 标准的要求，为了更好地达到审核的目的，应对审核进行策划，编制审核方案或审核计划。审核方案或计划通常包括：

(1)审核目的;

(2)审核准则和引用文件;

(3)审核范围;

(4)进行现场审核活动的日期和地点;

(5)现场审核活动预期的时间和期限,包括首(末)次会议、与受审核方管理层的会议及审核组会议等工作内容及时间;

(6)审核组成员(职责分工)和向导的作用和职责;

(7)向审核的关键区域配置适当的资源。

组织应确定实施审核的审核组成员,分配审核任务,准备审核文件和编制审核检查表。

在进行现场审核过程中,审核组成员应按照审核分工,收集审核信息,确定审核发现,形成不符合报告和审核报告。审核报告做为管理评审的输入资料,提供管理评审审议,以改进投诉处理过程。

审核组长在审核过程中,应主持首、末次会议,及时进行审核沟通,控制审核节奏,通报审核发现,提出纠正或预防措施要求,形成审核报告。

投诉处理审核可以作为组织质量管理体系审核的一部分进行策划和实施。

第六节　投诉处理过程的管理评审

一、组织的最高管理者应定期评审投诉处理过程,以:

——确保过程持续的适宜性、充分性、有效性和效率;

——识别和处理与健康、安全、环境、顾客和法律法规要求不一致的事项;

——识别和纠正产品的缺陷;

——识别和纠正过程的不足;

——评估改进机会和更该投诉处理过程及所提供产品

的需要；

——评价投诉处理方针和目标的潜在变化。

二、管理评审的输入应包括以下信息：

——诸如在方针、目标、组织结构、可用资源、提供产品方面的变化等内部要素；

——诸如在法规、竞争行为和技术创新方面的变化等外部要素；

——投诉处理过程的整体业绩，包括顾客满意度调查和对过程持续监视的结果；

——审核结论；

——纠正和预防措施状况；

——以往管理评审措施的跟踪；

——改进建议。

三、管理评审的输出应包括：

——改进投诉处理过程有效性和效率的决定和措施；

——产品改进建议；

——已确定所需资源（如培训方案）的决定和措施。

应保持管理评审的记录，已确定改进的机会。

1. 为确保投诉处理过程的持续适宜性、充分性、有效性和高效率的运行，组织的最高管理者应按照策划的安排实施管理评审活动，以便：

（1）识别和处理与健康、安全、环境、顾客和法律法规要求不一致的事项；

（2）识别和纠正产品的缺陷；

（3）识别和纠正过程的不足；

（4）评估改进机会和更该投诉处理过程及所提供产品的需要；

（5）评价投诉处理方针和目标的潜在变化。

管理评审活动通常采用会议的形式进行。

管理评审活动应有组织的最高管理者亲自主持,组织的中层及以上管理人员应参加管理评审活动。

通常情况下,业务主管部门可按照最高管理者的策划安排编制一份管理评审计划,明确管理评审活动的目的、参加人员以及相关部门或人员应准备的管理评审输入材料,包括资料或数据。管理评审计划还应规定管理评审的时间和地点等事项。

2. 在实施管理评审活动之前,相关部门或人员应按照管理评审计划的规定要求准备好管理评审输入的信息。

管理评审的输入应包括以下信息。

(1)诸如在方针、目标、组织结构、可用资源、提供产品方面的变化等内部要素;

(2)诸如在法规、竞争行为和技术创新方面的变化等外部要素;

(3)投诉处理过程的整体业绩,包括顾客满意度调查和对过程持续监视的结果;

(4)审核结论;

(5)纠正和预防措施状况;

(6)以往管理评审措施的跟踪;

(7)改进建议。

在管理评审活动中,组织的最高管理者应对管理评审输入的信息进行科学评价,并形成管理评审的输出。

管理评审输出应包括以下信息。

(1)改进投诉处理过程有效性和效率的决定和措施;

(2)产品改进建议;

(3)已确定所需资源(如培训方案)的决定和措施。

组织应按规定保存与管理评审活动有关的记录,包括管理评审计划、管理评审输入信息、管理评审活动或会议记录、管理评审报告以及管理评审所确定的任何决定和措施的实施计划和实施记录等。

第七节　持 续 改 进

组织应持续改进投诉处理过程的有效性和效率。组织可以通过纠正和预防措施以及创新性改进，持续改进其产品质量。组织应采取措施消除导致投诉的已发生和潜在问题的原因，防止问题发生或重复发生。组织应当：

——探索、识别和使用最佳的投诉处理方式；

——在组织内鼓励以顾客为关注焦点的方法；

——鼓励投诉处理的创新；

——树立投诉处理行为的范例。

关于持续改进通用方法的附加指导，组织可参考 GB/T 19004—2000《质量管理体系业绩改进指南》的附录 B。

持续改进投诉处理过程和产品质量应该是每一个组织的永恒主题。

持续改进的方法可包括通过实施纠正措施，防止问题的重复发生；通过采取预防措施防止潜在问题的发生。

组织还可以通过投诉处理方针和目标的有效实施，改进组织的投诉处理业绩。组织在进行持续改进过程中，应积极探索、识别和使用最佳的投诉处理方式进行创新性改进。

组织通过培养员工以顾客为关注焦点的意识，注重对每一个环节的质量改进。

组织可以通过对典型投诉处理案例的宣传或培训，使相关人员了解和掌握投诉处埋的方式和方法以及技巧。

对过程进行持续改进有两条基本途径。

(1)突破性项目，即对现有过程进行修改和改进，或实施新过程。

(2)由组织内人员对现有过程进行渐进的持续改进活动。

突破性项目通常包含对现有过程进行重大的再设计，并应当包括以下内容。

(1)确定改进项目的目标和框架；

(2)对现有的过程进行分析并认清变更的机会；

(3)确定并策划过程改进；

(4)实施改进；

(5)对过程的改进进行验证和确认；

(6)对已完成的改进作出评价，包括吸取教训。

组织在采用适用的持续改进的方法时应当包括以下内容。

(1)改进的原因：识别过程中存在的问题，选择改进的区域，并记录改进的原因。

(2)目前的状况：评价现有过程的有效性和效率。收集数据并进行分析，以便发现哪类问题最常发生；选择特定问题并确立改进目标。

(3)分析：识别并验证产生问题的根本原因。

(4)确定可能解决问题的办法：寻求解决问题的可替代办法。选择并实施最佳的解决问题的办法，即选择并实施能消除产生问题的根本原因以及防止其再发生的解决办法。

(5)评价效果：确认问题及其产生根源已经消除或其影响已经减少，解决办法已产生了作用，并实现了改进目标。

(6)实施新的解决办法并规范化：用改进的过程替代老过程，防止问题及其根本原因的再次发生。

(7)针对已完成的改进措施，评价过程的有效性和效率：对改进项目的有效性和效率作出评价，并考虑在组织的其他地方使用这种解决办法。

第七章

顾客投诉处理程序文件的结构和要点

第一节　顾客投诉处理文件结构

一、程序的概念

程序是指为进行某项活动或过程所规定的途径。途径既包括了进行某项活动或过程的全部流程或路径,同时也包括了进行某项活动或过程的范围、活动的顺序、步骤、所用的方法以及所需达到的目的或结果。程序可以形成文件,也可以不形成文件。当程序形成文件时,通常称为"书面程序"或"形成文件的程序"。

二、文件的概念

文件是指信息及其承载媒体。在这里其媒体可以是纸张、计算机光盘或其他电子媒体、样件或它们的组合。文件能够沟通意图、统一行动,有助于组织满足顾客要求和质量改进以及提供适宜的培训。

每个组织确定其所需的投诉处理过程文件的多少和详略程度及使用的媒体，取决于诸如组织的类型和规模、过程的复杂性和相互作用、产品的复杂性、顾客要求、适用的法规要求、经证实的人员能力以及满足投诉处理体系要求所需证实的程度。

三、投诉处理程序文件结构

组织可结合组织现有管理体系文件、规章制度等文件的结构及内容要求，编制有关投诉处理的程序文件，投诉处理程序文件结构通常包括以下内容。

1. 目的。
2. 适用范围。
3. 引用文件。
4. 术语。
5. 职责。
6. 工作要求。
7. 记录。
8. 附录(需要时)。

第二节　顾客投诉处理文件编写要点

一、投诉处理文件的功能

投诉处理文件是指导员工较好完成规定的工作任务的方法和要求，是提升组织投诉处理的有效性和效率的增值工具。因此，投诉处理文件应详细规定活动的目的、范围、做什么、谁来做、何时、何地、如何做等；在进行某一个活动步骤时，使用什么材料、设备和文件，以及如何对活动进行控制和记录等。

二、投诉处理文件的架构

投诉处理文件主要包括以下内容。

1. 投诉处理方针。

2. 投诉处理目标。

3. 投诉处理程序。

4. 顾客投诉信息评价准则。

5. 投诉处理的业绩监督、评价和报告程序。

6. 记录投诉和回复程序。

7. 使用和管理记录程序等。

上述文件可补充到组织现有管理手册中,亦可单独编写投诉处理手册,也可将上述 7 个方面的程序文件做为现有管理手册支持性的文件。

三、投诉处理文件编写要点

1. 投诉处理方针

组织在制定投诉处理方针时,应从以顾客为关注焦点为出发点,以迅速有效和高效解决顾客投诉为己任,以改进产品和服务质量为宗旨。

组织的投诉处理方针应具有超越顾客投诉期望的意识,能够激励和指导每一位与顾客投诉处理相关的员工正确对待和处理顾客投诉,并实现顾客满意。

组织的管理者在确定投诉处理方针和目标过程中,还应充分考虑以下因素。

a. 适用的法律法规和规范要求,包括《产品质量法》、《消费者权益保护法》等;

b. 组织的财务状况,包括改进产品质量和投诉处理过程所需的资金的投入;

c. 投诉管理体系的运行情况,包括急需改进的薄弱环节;

d. 组织自身的要求;

e. 顾客、员工和其他相关方人员的意见。

投诉处理方针应与组织的质量方针保持一致。

2. 投诉处理目标

投诉处理目标是指组织在投诉处理方面所追求的目的。因此，应具有其先进性，应表现出同行业的先进水平。

组织的投诉处理目标必须是通过努力可以实现的。高不可攀或脱离实际的目标可能会产生大量的负面效果。

组织所确定的投诉处理目标应是可实施和可测量的，并与投诉处理方针保持一致。组织在实现这些目标的过程中，应能将相关职能和层次的投诉处理目标细化为该部门或岗位一定时期的业绩准则。

投诉处理目标应体现在投诉处理的每一个过程或环节上，包括从组织接到顾客投诉直到投诉被解决的每一个步骤。

3. 投诉处理程序

投诉处理程序应充分体现出国际标准所提出的投诉处理的 9 项指导原则。通常情况下，投诉处理程序可覆盖标准第 7 章投诉处理过程运行中的 7.1 ~7.9 条款的内容，可包括：

a. 确定投诉受理渠道；

b. 受诉信息及公开方式；

c. 投诉信息评价准则；

d. 投诉受理；

e. 投诉信息评审；

f. 投诉跟踪；

g. 投诉告知；

h. 投诉调查；

i. 投诉沟通；

j. 投诉处理决定；

k. 投诉终止。

4. 顾客投诉信息评价准则

在受理顾客投诉过程中，投诉处理人员所接触到的可能有些是简单或一般投诉，有些是复杂投诉，还可能遇到恶意投诉。简单的一般投诉可能受诉人员当场就可以解决，复杂投诉则需要转交其他部门来处理，甚至需要进行调查，因此，需要对投诉信息进行分类。通常情况下应从以下方面进行考虑。

a. 激烈程度；

b. 安全隐患；

c. 复杂程度；

d. 影响范围；

e. 采取措施的必要性和可能性。

不同类型的投诉可能需要不同的人员来处理。因此，组织应根据职能分工来确定。

5. 投诉处理的业绩监督、评价和报告程序

a. 首先规定其对投诉处理业绩进行监督、评价和报告的职责和权限；

b. 规定对投诉处理业绩进行监视和测量的准则；

c. 规定监视和测量的周期和形式；

d. 规定对投诉处理数据进行分析和评价的方法；

e. 规定对投诉处理业绩进行监督评价的报告形式和内容。

6. 记录投诉和回复程序

a. 记录投诉规范。

组织应记录顾客投诉，并保证所记录的信息是完整的。必要时，相关人员应对顾客的投诉信息进行确认，防止遗漏关键的信息，并确保不存在含糊的信息。

b. 投诉信息分类。

在受理顾客投诉过程中，可能涉及多方面的信息，包括顾客的建议、批评和投诉，组织应对这些信息进行归类，以便确定回复的方式和回复的时限。

c. 投诉信息回复。

组织应确定针对不同的信息进行回复的时限和回复方式，以及由谁来回复一些关键和重要的投诉信息。

组织应及时记录回复过程中，投诉者或其代理人的反应。

7. 投诉处理记录使用和管理程序

组织应建立和保持投诉处理记录使用和管理程序，其内容应包括以下几点。

a. 投诉信息识别。

在受诉过程中，组织可能遇到一些无效的投诉信息，因此，组织应识别哪些是有效的投诉信息。

b. 投诉处理记录的收集。

组织应规定负责投诉处理记录收集的部门以及收集周期，部分投诉处理记录可能需要随时收集，有些记录可能需要在投诉处理结束后一定的工作日内完成收集，有些记录可能需要按月或季度进行收集，组织可根据其自身的情况作出规定。

c. 投诉处理记录的分类与编目。

组织应对所收集的投诉处理记录进行分类。通常情况下，涉及顾客投诉内容的记录，组织可按顾客名称或代码对投诉处理记录进行分类管理。在归档保存之前，组织可对所收集到的投诉处理记录进行编目，注明记录类别、名称、归档时间以及页码数。

d. 投诉处理记录的保存和处置。

投诉处理记录的保存环境应能够防止其丢失、损坏、霉变或鼠咬等。使用电子文件和磁记录载体所保存的投诉处理记录应有备份，并采取定期刻录光盘备份的形式予以保存。

记录保存至规定期限后，组织应按规定对记录进行处置。通常情况下，组织所采取的处置方式可包括销毁或延期保存。

组织应保持与投诉处理过程有关人员已经接受的培训和指导类型的记录。

第三节　顾客投诉处理文件范例

北京×××公司投诉处理程序

1　目　　的

制定和执行本程序，确定投诉处理流程，规定投诉沟通、投诉受理、投诉跟踪、投诉告知、投诉评审、投诉调查、投诉响应以及沟通决定等的工作内容和要求，确保投诉处理过程符合规范要求，增强顾客满意。

2　适用范围

本程序适用于与产品质量或售后服务过程有关的投诉处理的控制。

3　定　　义

3.1　投诉

对组织的产品或投诉处理过程不满意的表示，其中包括期望得到回复或解决的明示的或隐含的表示。

3.2　投诉者

提出投诉的个人、组织或其代表。

3.3　投诉处理

将投诉信息转化为顾客满意或超越顾客期望的结果的一组活动。

4　职责与权限

4.1　总经理职责与权限

a. 负责组织对重大或复杂投诉的分析和处理活动；

b. 识别和配置为投诉处理过程有效和高效地运行所需的管理资

源；

c. 负责定期组织评审投诉处理过程，确保其有效和高效地保持并持续改进。

4.2 投诉处理管理者代表职责与权限

a. 负责协调投诉处理活动的有效实施，并向最高管理者报告投诉处理过程的有关事宜，提出改进建议；

b. 负责提供投诉处理过程所需的技术要求和文件以及必需的工作环境；

c. 负责组织招聘和培训适当的投诉处理工作人员；

d. 负责审批重大或复杂投诉信息的回复意见。

4.3 客户服务部经理职责与权限

a. 负责组织实施和协调顾客投诉处理活动；

b. 负责与管理者代表就有关投诉处理事项进行沟通；

c. 负责向总经理报告关于投诉处理过程有关的措施和决定；

d. 负责确保对投诉处理过程进行监视并予以记录；

e. 负责组织对投诉信息进行分析，采取纠正措施，以防止类似事件再发生，并记录；

g. 负责对投诉资料进行收集、分析和处理，确保总经理进行管理评审时能够获得投诉处理数据。

4.4 产品管理部经理职责与权限

a. 负责协助管理者代表就重大或复杂投诉信息，提出回复意见；

b. 负责组织与产品质量有关的投诉调查和处理工作；

c. 负责协助客户服务部对投诉信息进行分析，组织制定纠正或预防措施。

4.5 产品开发部经理职责与权限

a. 负责协助客户服务部进行顾客投诉分析，组织参与顾客投诉调查；

b. 负责组织在进行产品包装和产品使用或服务手册的设计中合理公开公司受理顾客投诉的信息；

c. 负责参与顾客投诉纠正措施的制定和实施。

4.6　投诉处理人员职责与权限

a. 负责接受与投诉处理有关的培训；

b. 负责遵从公司所确定的对投诉处理进行报告的要求；

c. 负责友善地对待顾客或投诉者，对投诉迅速作出反应，或将其引导至适当的人员；

d. 负责努力提高沟通技巧和保持良好的人际关系。

4.7　其他工作人员职责与权限

a. 负责认真贯彻执行投诉处理程序和标准以及惯例；

b. 负责积极维护公司在顾客中所树立的良好形象和信誉；

c. 负责按许可规定向投诉者提供信息；

d. 负责及时准确向上级汇报对公司有重大影响的投诉。

5　投诉处理程序

5.1　投诉信息类别

5.1.1　与产品质量有关的投诉信息，包括反映产品功能性缺陷、制造缺陷、安全性、可维修性和使用缺陷等投诉信息。

5.1.2　与产品服务过程有关的投诉信息，包括反映包装、交付、时限、安装、调试、态度、语言沟通等投诉信息。

5.1.3　与产品销售行为有关的投诉信息，包括反映产品广告、价格、计量、合同、附赠品或礼品、告知义务、销售人员工作质量等投诉信息。

5.2　投诉渠道的建立与维护

5.2.1　为方便收集顾客建议和投诉信息，公司在客户服务部设置800免费客户服务电话和传真，由客户服务部客户服务人员负责接听和记录顾客意见和投诉信息。

5.2.2　公司网络管理和维护人员应在公司网站上设置客户服务栏目，公布客户服务电话，顾客投诉信箱、传真号码以及公司的通讯地址和邮政编码。

5.2.3　产品开发部应在产品服务手册中以及产品的包装物上规定出

公司受理顾客投诉信息的联络方式，包括客户服务电话、客户服务部传真号码、顾客投诉信箱以及公司的通讯地址和邮政编码。

5.2.4　市场开发部在进行营销策划和实施过程中，应在产品宣传文案中公告总经理的顾客投诉处理承诺和公司投诉处理方针。

5.2.5　客户服务部应设置顾客接待处。顾客接待环境应布置合理，并配备沙发、茶几、饮水机、茶叶和咖啡等，色调应表现出温馨和雅静，不易使用暖色调。

5.3　投诉受理

5.3.1　客户服务部配备专门工作人员负责承接顾客反馈和顾客投诉信息。

5.3.2　当客户服务人员或其他人员接收顾客口头、电话或传真投诉时，应首先代表公司对因公司所提供的产品或服务给顾客造成的不便表示歉意，然后耐心、细致地听取并了解顾客所投诉的产品或服务对象和投诉内容，确认顾客投诉的真实原因，并安慰投诉客户的情绪，使之情绪稳定后，填写"投诉者信息一览表"和"受诉信息处理记录表"规定栏目，并确认所记录的信息是否完整、关键环节是否遗漏等，若存在上述情景时，应立刻向投诉者进行询问，必要时，可要求投诉者提供更翔实的证实性材料。

5.3.3　在受诉过程中，客户服务人员应将所记录投诉信息向顾客复述，得到顾客或投诉者确认后，在确认栏中签署"投诉信息已确认"的字样。

5.3.4　在投诉受理过程中，客户服务人员应：

a. 认真倾听顾客投诉；

b. 适时表达理解；

c. 引导投诉者说出投诉重点问题；

d. 不与投诉者发生争执；

e. 对投诉者表示感谢。

5.3.5　公司所属任何部门或人员接触或获知顾客投诉的信息后，均应在15分钟内即刻通报客户服务部。

5.3.6　针对顾客对公司所承诺的产品和服务质量，包括投诉处理过程范围之外投诉，客户服务部及其相关人员应婉转告知顾客公司所承担的投诉处理业务范围。

5.3.7　客户服务部应建立和保持“顾客投诉信息台账”。

5.4　投诉告知

5.4.1　客户服务人员每天均应按时查看电子邮箱中是否有顾客投诉信息。若收到顾客反馈信息或投诉信息后，应认真阅读电子邮件内容，并立刻回复顾客或投诉者，对顾客或投诉者对公司的关心表示感谢，同时，对因公司所提供的产品或服务给顾客带来的不便或伤害表示歉意。若顾客在电子邮件中所描述的信息欠完整或需了解更详细的信息，应向顾客或投诉者提出，并备份回复内容。

5.4.2　客户服务人员收到顾客投诉信函或传真后，应立刻使用电话（若知道）或信函告知投诉者公司已获悉投诉信息，会尽快核实处理，并对投诉者使用公司的产品或服务表示感谢，同时，代表公司向投诉者表达因使用公司产品或服务给投诉者带来的麻烦表示歉意。

5.5　投诉初步评审

5.5.1　为实施对投诉信息的评审，公司对可能收到的顾客投诉信息进行分类，规定顾客投诉信息评价准则，见表5－5－1。

表5－5－1　顾客投诉信息评价准则

激烈程度	A	言辞激烈、愤怒、不容道歉，可能会导致非正常投诉
	B	言语强硬、反复强调投诉问题以及损失规模
	C	言语平和、真诚反映问题
安全隐患	A	已经造成人员伤亡或可能造成人员伤亡或可能造成重大环境污染事件或重大财产损失
	B	可能会造成人员伤害或危及人员健康
	C	不存在任何安全隐患

续上表

复杂程度	A	所反映的问题涉及相关法律法规或规范，需作详细调查
	B	所反映的问题涉及多个元器件或过程或人员
	C	所反映的问题比较单纯，处理起来比较简单，在客户服务部处理权限内
影响范围	A	影响范围可能涉及投诉者全部或部分生产或影响所有的使用者
	B	已经影响到局部顾客群体，至少发生三起以上类似问题
	C	仅影响投诉者个体
采取措施	A	需立即采取措施
	B	需采取措施
	C	不需要采取任何措施

5.5.2 客户服务部应对所收到的每一件投诉信息，按照顾客投诉信息评价准则的规定在一个工作日内完成初步评审，并报告给规定的授权人。

5.5.3 经客户服务部按照顾客投诉信息评价准则规定的激烈程度、安全隐患、复杂程度、影响范围和采取措施的必要性等方面进行评审后，只要发生A类情况，或A+B，或A+B+C类情况，均应立刻报告总经理；凡是发生B类情况，或B+C类情况，均应报告投诉处理管理者代表协调处理；若仅发生C类情况，由客户服务部按规定进行处置。

5.5.4 相关人员或部门收到客户服务部发出的“顾投诉处理联络单”，应按规定的权限组织处置，包括：

a. 立刻按规定进行处理；

b. 需要相关部门协助处理；

c. 需要立刻组成投诉处理协调小组；

d. 需要进行投诉调查后，按规定进行处置。

5.6 投诉跟踪

5.6.1 客户服务部应根据投诉初步评审结果，确定针对不同的投诉者的投诉内容所确定的不同的回复时限。

5.6.2　凡发生A类情况的投诉，总经理应组织确定回复方式、回复内容，并在12小时内回复投诉者，然后与投诉者商定在整个投诉处理过程中需要进行回复的周期或时限以及回复方式，确保投诉者了解整个投诉事件处理的进展情况。通常情况下，应做到每天一次回复。

5.6.3　凡发生B类情况的投诉，投诉处理管理者代表应组织回复方式、回复内容，并在24小时内回复投诉者，然后与投诉者商定在整个投诉处理过程中需要进行回复的周期或时限以及回复方式，确保投诉者了解整个投诉事件处理的进展情况。

5.6.4　凡发生C类情况的投诉，若客户服务部未能在投诉当日处理完毕的投诉事件，应在翌日回复投诉者，告知投诉处理进展情况，并在投诉处理结果形成前向投诉者通报拟定的投诉处理结果。

5.6.5　所有的投诉在处理完毕后，客户服务部应视情况对投诉者进行回访，形成“投诉者回访记录”。第一次回访应在投诉结束后5个工作日以后，10个工作日内完成。第二次回访应在第一次回访成功后30个工作日后进行，但间隔时间不应超过40个工作日。在此之后，客户服务部应以季度为单位对该投诉者进行回访，记录投诉者新的反馈意见。

5.6.6　投诉跟踪的方式可以选择登门拜访、电话、传真、电子邮件或大众媒体公告等，具体形式由规定的授权人视投诉的具体情况商定。针对一般正常投诉，客户服务部应通过电话或电子邮件进行投诉跟踪。

5.7　投诉调查

5.7.1　客户服务部应根据顾客投诉事件的具体情况，确定是否需要进行投诉调查。必要时，经客户服务部经理批准后应对顾客投诉内容进行投诉调查。

5.7.2　经批准需要进行投诉调查时，客户服务部应根据顾客投诉事项和投诉内容确定适宜的调查人员。必要时，报请投诉处理管理者代表予以协调。

5.7.3　客户服务部应根据顾客投诉内容的严重性和难易程度，确定调查所用的最短时限,限期完成顾客投诉的调查任务。

5.7.4 投诉调查人员应具备拟调查事项和调查内容的专业技能以及组织协调与沟通能力,并具备严谨的工作作风。

5.7.5 客户服务部应会同产品管理部确定投诉调查负责人。投诉调查通常由二人或以上人员组成,简单投诉可由一人组成。

5.7.6 投诉调查负责人应首先收集顾客投诉信息,确定顾客投诉调查方案,包括:

a. 调查项目;

b. 重点调查内容;

c. 投诉调查渠道和方法;

d. 所需的调查资源等。

5.7.7 顾客投诉调查方案经客户服务部经理批准后,由投诉调查人员组织实施。必要时,顾客投诉调查方案应报请投诉处理管理者代表批准。

5.7.8 在实施顾客投诉调查过程中,投诉调查人员应:

a. 调查投诉问题所发生的具体地点和时间。

b. 必要时,进行现场检查拍照,收集导致投诉问题发生的痕迹、物证以及进一步展开调查的线索。

c. 必要时,可委托有关部门绘制事故现场图。

d. 若发生伤害事故时,需了解受伤害人数、伤害部位、伤害程度,并了解医疗部门对伤亡情况的诊断报告。

e. 进而调查导致事故的起因,向投诉当事人、在场人员以及相关人员了解事故发生前后的具体情况,包括与事故有关人员的情况,即姓名、性别、年龄、教育程度、职业等。

f. 向有关部门索取与事故有关的资料,提出事故经济损失报告。

g. 必要时,组织应对事故发生、发展有着重要作用的设备、材料做必要的技术鉴定或对事故的发生机理、作用、过程及防范措施进行必要的模拟试验。

5.7.9 投诉调查人员应依据投诉调查记录形成顾客投诉处理调查报

告,其内容包括:

a. 前言(扼要说明顾客投诉调查的经过,顾客投诉发生的时间、地点、简单经过和造成的损失情况)。

b. 顾客投诉问题发生概况(详尽说明顾客投诉问题发生的全过程及受害人、和相关人员的基本情况)。

c. 原因分析(深入分析导致投诉发生的直接原因和间接原因)。

d. 责任分析与处理意见(在进行上述分析的基础上,确定导致顾客投诉发生的主要责任和次要责任,依据相关规定或处理依据,提出对顾客投诉处理的初步意见,包括赔偿意见)。

e. 防范措施(针对其主要原因制定出纠正措施)。

f. 调查组成员的姓名、职务及单位。

5.7.10　投诉调查报告应获得客户服务部经理批准。必要时,可要求进行补充调查。

5.8　投诉响应

5.8.1　客户服务部应根据对顾客投诉评价结果或投诉调查的结果,对顾客投诉作出响应。

5.8.2　投诉响应的方式包括:

a. 退款;

b. 换货;

c. 返修/返工;

d. 替换;

e. 技术支持;

f. 提供信息;

g. 咨询;

h. 财务协助;

i. 其他帮助;

j. 补偿;

k. 道歉;

l. 礼品或纪念品;

m. 说明由于投诉带来的产品、过程、方针或程序的变化。

5.8.3 投诉响应方式应体现公平、公正、合理的原则。

5.8.4 客户服务部或相关人员在确定投诉响应方式时，应确保投诉响应方式符合：

a. 国家有关法律法规；

b. 有关产品质量方面的国家标准、行业标准、企业标准；

c. 本公司投诉处理程序或规定；

d. 本公司的质量承诺和投诉处理承诺；

e. 同行业或国际惯例。

5.8.5 相关部门或人员应按规定的投诉响应流程和规范进行投诉处理。

5.9 沟通决定

5.9.1 客户服务部工作人员应将拟定的投诉处理结果或拟采取的补救措施在一个工作日内与投诉者或其代理人进行沟通，争取投诉者或其代理人的理解和同意。

5.9.2 客户服务部相关人员应记录与投诉者或其代理人的沟通过程，评价投诉者或其代理人对拟定的投诉响应的反应。

5.9.3 若投诉者或其代理人同意或接受公司的投诉处理决定，客户服务部应将投诉处理结果填入“顾客投诉处理联络单”规定栏目，经客户服务部经理审批后，移交相关部门按规定处置。

5.10 投诉终止

5.10.1 客户服务部经与投诉者或其代理人就拟定的投诉处理结果或拟采取的补救措施进行沟通，且得到投诉者或其代理人同意后，该投诉事件可以关闭。

5.10.2 客户服务部应保存与该投诉事件有关的所有记录，并按规定予以归档保存。

5.10.3 若投诉者或其代理人不同意公司所作出的投诉处理结果或拟采取的措施，客户服务部应征求投诉者或其代理人的建议或要求，或请投诉者或其代理人进一步就不满意的问题提供出相关资料。

5.10.4 客户服务部应告知投诉者或其代理人若不同意公司所作出的投诉处理决定,公司可另外采取的补救措施或投诉响应方式或重新进行投诉调查和处理。

5.10.5 若投诉者或其代理人不同意由公司重新进行投诉调查和处理,客户服务部应告知投诉者或其代理人可选择的外部处理方式,包括:

a. 进一步进行协商和解;

b. 申请第三方进行调解;

c. 建议投诉者向消费者保护组织或行政主管部门申诉解决;

d. 向国家仲裁机构提出仲裁申请;

e. 向人民法院起诉。

5.10.6 客户服务部应将投诉者或其代理人拒绝接受公司所作出的投诉处理决定的信息立刻报告客户服务部经理。必要时,经客户服务部经理批准后报告投诉处理管理者代表或总经理。

5.10.7 客户服务部应按照投诉处理管理者代表的指示要求,做好应诉或接受仲裁或调解所需的资料。必要时,可委托公司的法律顾问进行司法诉讼。

6 记　录

6.1 制定和执行本程序产生以下记录:

a. JL—TS001—2008“投诉者信息一览表”;

b. JL—TS002—2008“受诉信息处理记录表”;

c. JL—TS003—2008“顾客投诉信息台账”;

d. JL—TS004—2008“顾客投诉处理联络单”;

e. JL—TS005 2008“投诉者回访记录”。

6.2 执行本程序所产生的记录由客户服务部负责保存,保存期为长期。

7 附　录

附录 A：

JL—TS001—2008

投诉者信息一览表

顾客代码：

<table>
<tr><td>顾客姓名</td><td></td><td>性别</td><td></td><td>年龄</td><td></td><td>学历</td><td></td><td>职业</td><td></td></tr>
<tr><td>家庭住址</td><td colspan="6"></td><td>邮政编码</td><td colspan="2"></td></tr>
<tr><td>单位地址</td><td colspan="6"></td><td>邮政编码</td><td colspan="2"></td></tr>
<tr><td>联系电话</td><td colspan="2"></td><td>传真</td><td colspan="2"></td><td>电子信箱</td><td colspan="3"></td></tr>
<tr><td>代理人姓名</td><td></td><td>性别</td><td></td><td>年龄</td><td></td><td>学历</td><td></td><td>职业</td><td></td></tr>
<tr><td>代理人联系方式</td><td colspan="9"></td></tr>
<tr><td>产品购置时间</td><td colspan="4"></td><td>销售单位</td><td colspan="4"></td></tr>
<tr><td>产品名称</td><td colspan="2"></td><td>型号规格</td><td colspan="2"></td><td>产品编码</td><td colspan="3"></td></tr>
<tr><td>投诉内容</td><td colspan="9"></td></tr>
<tr><td>补偿要求</td><td colspan="9"></td></tr>
<tr><td>客服意见</td><td colspan="9">经办人：　　　时间：</td></tr>
<tr><td>附件目录</td><td colspan="9">1. ________ 5. ________
2. ________ 6. ________
3. ________ 7. ________
4. ________ 8. ________</td></tr>
</table>

附录 B：

JL—TS002—2008

受诉信息处理记录表

<table>
<tr><td>顾客代码</td><td colspan="2"></td><td>投诉时间</td><td colspan="3">年　月　日　时　分</td></tr>
<tr><td>投诉方式</td><td colspan="6">电话 □　电子信箱 □　互联网 □　当面提交 □　信件 □　其他 □________</td></tr>
<tr><td>投诉人</td><td colspan="2"></td><td>接诉人</td><td></td><td>职务</td><td></td></tr>
<tr><td>投诉问题</td><td colspan="2"></td><td>发生时间</td><td colspan="3"></td></tr>
<tr><td>投诉告知时间</td><td colspan="2"></td><td>告知人</td><td></td><td>职务</td><td></td></tr>
<tr><td>是否重复发生</td><td colspan="6">否 □　是 □</td></tr>
<tr><td>投诉内容</td><td colspan="6"></td></tr>
<tr><td>问题类别</td><td colspan="6">1. □ 未收到产品
2. □ 未提供/部分未提供服务
3. □ 延期交付产品
延迟时间：________
4. □ 延迟提供服务
延迟时间：________
5. □ 缺陷产品
6. □ 不良服务
情况说明：________
____
____
7. □ 产品与订单不一致
8. □ 非订购产品
9. □ 破损
10. □ 拒绝兑现担保
11. □ 拒绝销售
12. □ 拒绝提供服务
13. □ 商业惯例/销售方式
14. □ 错误信息
15. □ 信息不全
16. □ 支付安排</td></tr>
</table>

受诉信息处理记录表(续 1)

<table>
<tr><td>问题类别</td><td>17. □ 价格
18. □ 提高价格
19. □ 额外费用
20. □ 不合理费用
21. □ 合同条款
22. □ 合同范围
23. □ 破损情况评估
24. □ 拒绝赔偿
25. □ 赔偿不足
26. □ 变更合同
27. □ 合同执行不当
28. □ 解除合同
29. □ 取消服务
30. □ 偿付贷款
31. □ 利息
32. □ 未兑现承诺
33. □ 发票错误
34. □ 投诉处理非正常延期
35. □ 其他问题：____________________
____
____
附加信息：____________________
____
____________________</td></tr>
<tr><td rowspan="3">投诉初步评审意见</td><td>评价投诉的实际和潜在的影响的范围和严重程度：
严重程度：____________________
复 杂 性：____________________
影　　响：____________________
需要立即采取措施　是□　否□
立即采取措施是否有效　是□　否□
能否补偿　是□　否□</td></tr>
<tr><td>评审结论：
评审人：　　时 间：</td></tr>
<tr><td>审批意见：
审批人：　　时 间：</td></tr>
</table>

受诉信息处理记录表(续2)

<table>
<tr><td>投诉解决方案</td><td colspan="5">是否要求赔偿　　　　是□　　否□
拟采取的措施
36. □ 交付产品
37. □ 返修/返工产品
38. □ 更换产品
39. □ 退货
40. □ 执行担保
41. □ 兑现承诺
42. □ 达成协议
43. □ 解除合同
44. □ 注销发票
45. □ 提供信息
46. □ 纠正破损评估
47. □ 支付补偿,总金额:________
48. □ 退还预订金,总金额:________
49. □ 退还其他费用,总金额:________
50. □ 价格折扣,总金额:________
51. □ 支付手段
52. □ 道歉
53. □ 其他措施:________
________</td></tr>
<tr><td rowspan="13">投诉跟踪</td><td>采取的措施</td><td>措施内容</td><td>日　期</td><td>经办人姓名</td><td>备　注</td></tr>
<tr><td>投诉调查</td><td></td><td></td><td></td><td></td></tr>
<tr><td>投诉处理方案</td><td></td><td></td><td></td><td></td></tr>
<tr><td>投诉回复</td><td></td><td></td><td></td><td></td></tr>
<tr><td>投诉回复</td><td></td><td></td><td></td><td></td></tr>
<tr><td>投诉回复</td><td></td><td></td><td></td><td></td></tr>
<tr><td>投诉回复</td><td></td><td></td><td></td><td></td></tr>
<tr><td>投诉回复</td><td></td><td></td><td></td><td></td></tr>
<tr><td>投诉回复</td><td></td><td></td><td></td><td></td></tr>
<tr><td>投诉回复</td><td></td><td></td><td></td><td></td></tr>
<tr><td>纠正</td><td></td><td></td><td></td><td></td></tr>
<tr><td>纠正验证</td><td></td><td></td><td></td><td></td></tr>
<tr><td>投诉终止</td><td></td><td></td><td></td><td></td></tr>
</table>

附录 C：

JL—TS003—2008

顾客投诉信息台账

序号	投诉时间	投诉者	所在区域	投诉内容	产品类别	解决方案	投诉终止时间	备注

附录 D：

JL—TS004—2008

顾客投诉处理联络单

顾客代码		投诉时间	
投诉问题			
处理意见			
承办意见			
处理方案			
处理结果			
审批意见			

附录 E：

JL—TS005—2008

投诉者回访记录

顾客名称	
顾客住址	
联系方式	
回访事项	
回访记录	
顾客意见	
审批意见	

附录一

中华人民共和国产品质量法

（2000 年 7 月 8 日修订）

第一章　总　　则

第一条　为了加强对产品质量的监督管理，提高产品质量水平，明确产品质量责任，保护消费者的合法权益，维护社会经济秩序，制定本法。

第二条　在中华人民共和国境内从事产品生产、销售活动，必须遵守本法。

本法所称产品是指经过加工、制作，用于销售的产品。

建设工程不适用本法规定；但是，建设工程使用的建筑材料、建筑构配件和设备，属于前款规定的产品范围的，适用本法规定。

第三条　生产者、销售者应当建立健全内部产品质量管理制度，严格实施岗位质量规范、质量责任以及相应的考核办法。

第四条　生产者、销售者依照本法规定承担产品质量责任。

第五条　禁止伪造或者冒用认证标志等质量标志；禁止伪造产品的产地，伪造或者冒用他人的厂名、厂址；禁止在生产、销售的产品中掺杂、掺假，以假充真，以次充好。

第六条　国家鼓励推行科学的质量管理方法，采用先进的科学技术，鼓励企业产品质量达到并且超过行业标准、国家标准和国际标准。

对产品质量管理先进和产品质量达到国际先进水平、成绩显著的单位和个人，给予奖励。

第七条　各级人民政府应当把提高产品质量纳入国民经济和社会发展规划，加强对产品质量工作的统筹规划和组织领导，引导、督促生产者、销售者加强产品质量管理，提高产品质量，组织各有关部门依法采取措施，制止产品生产、销售中违反本法规定的行为，保障本法的施行。

第八条　国务院产品质量监督部门主管全国产品质量监督工作。国务院有关部门在各自的职责范围内负责产品质量监督工作。

县级以上地方产品质量监督部门主管本行政区域内的产品质量监督工作。县级以上地方人民政府有关部门在各自的职责范围内负责产品质量监督工作。

法律对产品质量的监督部门另有规定的，依照有关法律的规定执行。

第九条　各级人民政府工作人员和其他国家机关工作人员不得滥用职权、玩忽职守或者徇私舞弊，包庇、放纵本地区、本系统发生的产品生产、销售中违反本法规定的行为，或者阻挠、干预依法对产品生产、销售中违反本法规定的行为进行查处。

各级地方人民政府和其他国家机关有包庇、放纵产品生产、销售中违反本法规定的行为的，依法追究其主要负责人的法律责任。

第十条　任何单位和个人有权对违反本法规定的行为，向产品质量监督部门或者其他有关部门检举。

产品质量监督部门和有关部门应当为检举人保密，并按照省、自治区、直辖市人民政府的规定给予奖励。

第十一条　任何单位和个人不得排斥非本地区或者非本系统企业生产的质量合格产品进入本地区、本系统。

第二章　产品质量的监督

第十二条　产品质量应当检验合格，不得以不合格产品冒充合格产品。

第十三条　可能危及人体健康和人身、财产安全的工业产品，必须符合保障人体健康和人身、财产安全的国家标准、行业标准；未制定国家标准、行业标准的，必须符合保障人体健康和人身、财产安全的要求。

禁止生产、销售不符合保障人体健康和人身、财产安全的标准和要求的工业产品。具体管理办法由国务院规定。

第十四条　国家根据国际通用的质量管理标准，推行企业质量体系认证制度。企业根据自愿原则可以向国务院产品质量监督部门认可的或者国务院产品质量监督部门授权的部门认可的认证机构申请企业质量体系认证。经认证合格的，由认证机构颁发企业质量体系认证证书。

国家参照国际先进的产品标准和技术要求，推行产品质量认证制度。企业根据自愿原则可以向国务院产品质量监督部门认可的或者国务院产品质量监督部门授权的部门认可的认证机构申请产品质量认证。经认证合格的，由认证机构颁发产品质量认证证书，准许企业在产品或者其包装上使用产品质量认证标志。

第十五条　国家对产品质量实行以抽查为主要方式的监督检查制度，对可能危及人体健康和人身、财产安全的产品，影响国计民生的重要工业产品以及消费者、有关组织反映有质量问题的产品进行抽查。抽查的样品应当在市场上或者企业成品仓库内的待销产品中随机抽取。监督抽查工作由国务院产品质量监督部门规划和组织。县级以上地方产品质量监督部门在本行政区域内也可以组织监督抽查。法律对产品质量的监督检查另有规定的，依照有关法律的规定执行。

国家监督抽查的产品，地方不得另行重复抽查；上级监督抽查的产品，下级不得另行重复抽查。

根据监督抽查的需要，可以对产品进行检验。检验抽取样品的数量不得超过检验的合理需要，并不得向被检查人收取检验费用。监督抽查所需检验费用按照国务院规定列支。

生产者、销售者对抽查检验的结果有异议的，可以自收到检验结果之日起十五日内向实施监督抽查的产品质量监督部门或者其上级产品质量监督部门申请复检，由受理复检的产品质量监督部门作出复检结论。

第十六条　对依法进行的产品质量监督检查，生产者、销售者不得拒绝。

第十七条　依照本法规定进行监督抽查的产品质量不合格的，由实施监督抽查的产品质量监督部门责令其生产者、销售者限期改正。逾期不改正的，由省级以上人民政府产品质量监督部门予以公告；公告后经复查仍不合格的，责令停业，限期整顿；整顿期满后经复查产品质量仍不合格的，吊销营业执照。

监督抽查的产品有严重质量问题的，依照本法第五章的有关规定处罚。

第十八条　县级以上产品质量监督部门根据已经取得的违法嫌疑

证据或者举报,对涉嫌违反本法规定的行为进行查处时,可以行使下列职权:

(一)对当事人涉嫌从事违反本法的生产、销售活动的场所实施现场检查;

(二)向当事人的法定代表人、主要负责人和其他有关人员调查、了解与涉嫌从事违反本法的生产、销售活动有关的情况;

(三)查阅、复制当事人有关的合同、发票、账簿以及其他有关资料;

(四)对有根据认为不符合保障人体健康和人身、财产安全的国家标准、行业标准的产品或者有其他严重质量问题的产品,以及直接用于生产、销售该项产品的原辅材料、包装物、生产工具,予以查封或者扣押。

县级以上工商行政管理部门按照国务院规定的职责范围,对涉嫌违反本法规定的行为进行查处时,可以行使前款规定的职权。

第十九条　产品质量检验机构必须具备相应的检测条件和能力,经省级以上人民政府产品质量监督部门或者其授权的部门考核合格后,方可承担产品质量检验工作。法律、行政法规对产品质量检验机构另有规定的,依照有关法律、行政法规的规定执行。

第二十条　从事产品质量检验、认证的社会中介机构必须依法设立,不得与行政机关和其他国家机关存在隶属关系或者其他利益关系。

第二十一条　产品质量检验机构、认证机构必须依法按照有关标准,客观、公正地出具检验结果或者认证证明。

产品质量认证机构应当依照国家规定对准许使用认证标志的产品进行认证后的跟踪检查;对不符合认证标准而使用认证标志的,要求其改正;情节严重的,取消其使用认证标志的资格。

第二十二条　消费者有权就产品质量问题,向产品的生产者、销售者查询;向产品质量监督部门、工商行政管理部门及有关部门申诉,接受申诉的部门应当负责处理。

第二十三条　保护消费者权益的社会组织可以就消费者反映的产品质量问题建议有关部门负责处理,支持消费者对因产品质量造成的损害向人民法院起诉。

第二十四条　国务院和省、自治区、直辖市人民政府的产品质量监督部门应当定期发布其监督抽查的产品的质量状况公告。

第二十五条　产品质量监督部门或者其他国家机关以及产品质量检验机构不得向社会推荐生产者的产品；不得以对产品进行监制、监销等方式参与产品经营活动。

第三章　生产者、销售者的产品质量责任和义务

第一节　生产者的产品质量责任和义务

第二十六条　生产者应当对其生产的产品质量负责。

产品质量应当符合下列要求：

（一）不存在危及人身、财产安全的不合理的危险，有保障人体健康和人身、财产安全的国家标准、行业标准的，应当符合该标准；

（二）具备产品应当具备的使用性能，但是，对产品存在使用性能的瑕疵作出说明的除外；

（三）符合在产品或者其包装上注明采用的产品标准，符合以产品说明、实物样品等方式表明的质量状况。

第二十七条　产品或者其包装上的标识必须真实，并符合下列要求：

（一）有产品质量检验合格证明；

（二）有中文标明的产品名称、生产厂厂名和厂址；

（三）根据产品的特点和使用要求，需要标明产品规格、等级、所含主要成分的名称和含量的，用中文相应予以标明；需要事先让消费者知晓的，应当在外包装上标明，或者预先向消费者提供有关资料；

（四）限期使用的产品，应当在显著位置清晰地标明生产日期和安全使用期或者失效日期；

（五）使用不当，容易造成产品本身损坏或者可能危及人身、财产安全的产品，应当有警示标志或者中文警示说明。

裸装的食品和其他根据产品的特点难以附加标识的裸装产品，可以不附加产品标识。

第二十八条　易碎、易燃、易爆、有毒、有腐蚀性、有放射性等危险物品以及储运中不能倒置和其他有特殊要求的产品，其包装质量必须

符合相应要求，依照国家有关规定作出警示标志或者中文警示说明，标明储运注意事项。

第二十九条　生产者不得生产国家明令淘汰的产品。

第三十条　生产者不得伪造产地，不得伪造或者冒用他人的厂名、厂址。

第三十一条　生产者不得伪造或者冒用认证标志等质量标志。

第三十二条　生产者生产产品，不得掺杂、掺假，不得以假充真、以次充好，不得以不合格产品冒充合格产品。

第二节　销售者的产品质量责任和义务

第三十三条　销售者应当建立并执行进货检查验收制度，验明产品合格证明和其他标识。

第三十四条　销售者应当采取措施，保持销售产品的质量。

第三十五条　销售者不得销售国家明令淘汰并停止销售的产品和失效、变质的产品。

第三十六条　销售者销售的产品的标识应当符合本法第二十七条的规定。

第三十七条　销售者不得伪造产地，不得伪造或者冒用他人的厂名、厂址。

第三十八条　销售者不得伪造或者冒用认证标志等质量标志。

第三十九条　销售者销售产品，不得掺杂、掺假，不得以假充真、以次充好，不得以不合格产品冒充合格产品。

第四章　损 害 赔 偿

第四十条　售出的产品有下列情形之一的，销售者应当负责修理、更换、退货；给购买产品的消费者造成损失的，销售者应当赔偿损失：

（一）不具备产品应当具备的使用性能而事先未作说明的；

（二）不符合在产品或者其包装上注明采用的产品标准的；

（三）不符合以产品说明、实物样品等方式表明的质量状况的。

销售者依照前款规定负责修理、更换、退货、赔偿损失后，属于生产者的责任或者属于向销售者提供产品的其他销售者（以下简称供货者）的责任的，销售者有权向生产者、供货者追偿。

销售者未按照第一款规定给予修理、更换、退货或者赔偿损失的，由产品质量监督部门或者工商行政管理部门责令改正。

生产者之间，销售者之间，生产者与销售者之间订立的买卖合同、承揽合同有不同约定的，合同当事人按照合同约定执行。

第四十一条　因产品存在缺陷造成人身、缺陷产品以外的其他财产（以下简称他人财产）损害的，生产者应当承担赔偿责任。

生产者能够证明有下列情形之一的，不承担赔偿责任：

（一）未将产品投入流通的；

（二）产品投入流通时，引起损害的缺陷尚不存在的；

（三）将产品投入流通时的科学技术水平尚不能发现缺陷的存在的。

第四十二条　由于销售者的过错使产品存在缺陷，造成人身、他人财产损害的，销售者应当承担赔偿责任。

销售者不能指明缺陷产品的生产者也不能指明缺陷产品的供货者的，销售者应当承担赔偿责任。

第四十三条　因产品存在缺陷造成人身、他人财产损害的，受害人可以向产品的生产者要求赔偿，也可以向产品的销售者要求赔偿。属于产品的生产者的责任，产品的销售者赔偿的，产品的销售者有权向产品的生产者追偿。属于产品的销售者的责任，产品的生产者赔偿的，产品的生产者有权向产品的销售者追偿。

第四十四条　因产品存在缺陷造成受害人人身伤害的，侵害人应当赔偿医疗费、治疗期间的护理费、因误工减少的收入等费用；造成残疾的，还应当支付残疾者生活自助具费、生活补助费、残疾赔偿金以及由其扶养的人所必需的生活费等费用；造成受害人死亡的，并应当支付丧葬费、死亡赔偿金以及由死者生前扶养的人所必需的生活费等费用。

因产品存在缺陷造成受害人财产损失的，侵害人应当恢复原状或者折价赔偿。受害人因此遭受其他重大损失的，侵害人应当赔偿损失。

第四十五条　因产品存在缺陷造成损害要求赔偿的诉讼时效期间为二年，自当事人知道或者应当知道其权益受到损害时起计算。

因产品存在缺陷造成损害要求赔偿的请求权，在造成损害的缺陷产品交付最初消费者满十年丧失；但是，尚未超过明示的安全使用期的除外。

第四十六条 本法所称缺陷，是指产品存在危及人身、他人财产安全的不合理的危险；产品有保障人体健康和人身、财产安全的国家标准、行业标准的，是指不符合该标准。

第四十七条 因产品质量发生民事纠纷时，当事人可以通过协商或者调解解决。当事人不愿通过协商、调解解决或者协商、调解不成的，可以根据当事人各方的协议向仲裁机构申请仲裁；当事人各方没有达成仲裁协议或者仲裁协议无效的，可以直接向人民法院起诉。

第四十八条 仲裁机构或者人民法院可以委托本法第十九条规定的产品质量检验机构，对有关产品质量进行检验。

第五章 罚 则

第四十九条 生产、销售不符合保障人体健康和人身、财产安全的国家标准、行业标准的产品的，责令停止生产、销售，没收违法生产、销售的产品，并处违法生产、销售产品（包括已售出和未售出的产品，下同）货值金额等值以上三倍以下的罚款；有违法所得的，并处没收违法所得；情节严重的，吊销营业执照；构成犯罪的，依法追究刑事责任。

第五十条 在产品中掺杂、掺假，以假充真，以次充好，或者以不合格产品冒充合格产品的，责令停止生产、销售，没收违法生产、销售的产品，并处违法生产、销售产品货值金额百分之五十以上三倍以下的罚款；有违法所得的，并处没收违法所得；情节严重的，吊销营业执照；构成犯罪的，依法追究刑事责任。

第五十一条 生产国家明令淘汰的产品的，销售国家明令淘汰并停止销售的产品的，责令停止生产、销售，没收违法生产、销售的产品，并处违法生产、销售产品货值金额等值以下的罚款；有违法所得的，并处没收违法所得；情节严重的，吊销营业执照。

第五十二条 销售失效、变质的产品的，责令停止销售，没收违法销售的产品，并处违法销售产品货值金额二倍以下的罚款；有违法所得的，并处没收违法所得；情节严重的，吊销营业执照；构成犯罪的，依法追究刑事责任。

第五十三条　伪造产品产地的，伪造或者冒用他人厂名、厂址的，伪造或者冒用认证标志等质量标志的，责令改正，没收违法生产、销售的产品，并处违法生产、销售产品货值金额等值以下的罚款；有违法所得的，并处没收违法所得；情节严重的，吊销营业执照。

第五十四条　产品标识不符合本法第二十七条规定的，责令改正；有包装的产品标识不符合本法第二十七条第（四）项、第（五）项规定，情节严重的，责令停止生产、销售，并处违法生产、销售产品货值金额百分之三十以下的罚款；有违法所得的，并处没收违法所得。

第五十五条　销售者销售本法第四十九条至第五十三条规定禁止销售的产品，有充分证据证明其不知道该产品为禁止销售的产品并如实说明其进货来源的，可以从轻或者减轻处罚。

第五十六条　拒绝接受依法进行的产品质量监督检查的，给予警告，责令改正；拒不改正的，责令停业整顿；情节特别严重的，吊销营业执照。

第五十七条　产品质量检验机构、认证机构伪造检验结果或者出具虚假证明的，责令改正，对单位处五万元以上十万元以下的罚款，对直接负责的主管人员和其他直接责任人员处一万元以上五万元以下的罚款；有违法所得的，并处没收违法所得；情节严重的，取消其检验资格、认证资格；构成犯罪的，依法追究刑事责任。

产品质量检验机构、认证机构出具的检验结果或者证明不实，造成损失的，应当承担相应的赔偿责任；造成重大损失的，撤销其检验资格、认证资格。

产品质量认证机构违反本法第二十一条第二款的规定，对不符合认证标准而使用认证标志的产品，未依法要求其改正或者取消其使用认证标志资格的，对因产品不符合认证标准给消费者造成的损失，与产品的生产者、销售者承担连带责任；情节严重的，撤销其认证资格。

第五十八条　社会团体、社会中介机构对产品质量作出承诺、保证，而该产品又不符合其承诺、保证的质量要求，给消费者造成损失的，与产品的生产者、销售者承担连带责任。

第五十九条　在广告中对产品质量作虚假宣传，欺骗和误导消费者的，依照《中华人民共和国广告法》的规定追究法律责任。

第六十条 对生产者专门用于生产本法第四十九条、第五十一条所列的产品或者以假充真的产品的原辅材料、包装物、生产工具，应当予以没收。

第六十一条 知道或者应当知道属于本法规定禁止生产、销售的产品而为其提供运输、保管、仓储等便利条件的，或者为以假充真的产品提供制假生产技术的，没收全部运输、保管、仓储或者提供制假生产技术的收入，并处违法收入百分之五十以上三倍以下的罚款；构成犯罪的，依法追究刑事责任。

第六十二条 服务业的经营者将本法第四十九条至第五十二条规定禁止销售的产品用于经营性服务的，责令停止使用；对知道或者应当知道所使用的产品属于本法规定禁止销售的产品的，按照违法使用的产品（包括已使用和尚未使用的产品）的货值金额，依照本法对销售者的处罚规定处罚。

第六十三条 隐匿、转移、变卖、损毁被产品质量监督部门或者工商行政管理部门查封、扣押的物品的，处被隐匿、转移、变卖、损毁物品货值金额等值以上三倍以下的罚款；有违法所得的，并处没收违法所得。

第六十四条 违反本法规定，应当承担民事赔偿责任和缴纳罚款、罚金，其财产不足以同时支付时，先承担民事赔偿责任。

第六十五条 各级人民政府工作人员和其他国家机关工作人员有下列情形之一的，依法给予行政处分；构成犯罪的，依法追究刑事责任：

（一）包庇、放纵产品生产、销售中违反本法规定行为的；

（二）向从事违反本法规定的生产、销售活动的当事人通风报信，帮助其逃避查处的；

（三）阻挠、干预产品质量监督部门或者工商行政管理部门依法对产品生产、销售中违反本法规定的行为进行查处，造成严重后果的。

第六十六条 产品质量监督部门在产品质量监督抽查中超过规定的数量索取样品或者向被检查人收取检验费用的，由上级产品质量监督部门或者监察机关责令退还；情节严重的，对直接负责的主管人员和其他直接责任人员依法给予行政处分。

第六十七条 产品质量监督部门或者其他国家机关违反本法第二

十五条的规定，向社会推荐生产者的产品或者以监制、监销等方式参与产品经营活动的，由其上级机关或者监察机关责令改正，消除影响，有违法收入的予以没收；情节严重的，对直接负责的主管人员和其他直接责任人员依法给予行政处分。

产品质量检验机构有前款所列违法行为的，由产品质量监督部门责令改正，消除影响，有违法收入的予以没收，可以并处违法收入一倍以下的罚款；情节严重的，撤销其质量检验资格。

第六十八条　产品质量监督部门或者工商行政管理部门的工作人员滥用职权、玩忽职守、徇私舞弊，构成犯罪的，依法追究刑事责任；尚不构成犯罪的，依法给予行政处分。

第六十九条　以暴力、威胁方法阻碍产品质量监督部门或者工商行政管理部门的工作人员依法执行职务的，依法追究刑事责任；拒绝、阻碍未使用暴力、威胁方法的，由公安机关依照治安管理处罚条例的规定处罚。

第七十条　本法规定的吊销营业执照的行政处罚由工商行政管理部门决定，本法第四十九条至第五十七条、第六十条至第六十三条规定的行政处罚由产品质量监督部门或者工商行政管理部门按照国务院规定的职权范围决定。法律、行政法规对行使行政处罚权的机关另有规定的，依照有关法律、行政法规的规定执行。

第七十一条　对依照本法规定没收的产品，依照国家有关规定进行销毁或者采取其他方式处理。

第七十二条　本法第四十九条至第五十四条、第六十二条、第六十三条所规定的货值金额以违法生产、销售产品的标价计算；没有标价的，按照同类产品的市场价格计算。

第六章　附　　则

第七十三条　军工产品质量监督管理办法，由国务院、中央军事委员会另行制定。

因核设施、核产品造成损害的赔偿责任，法律、行政法规另有规定的，依照其规定。

第七十四条　本法自 1993 年 9 月 1 日起施行。

附录二

中华人民共和国消费者权益保护法

（1993年10月31日第八届全国人民代表大会常务委员会第四次会议通过，1993年10月31日中华人民共和国主席令第十一号公布，1994年1月1日起施行）

第一章　总　　则

第一条　为保护消费者的合法权益，维护社会经济秩序，促进社会主义市场经济健康发展，制定本法。

第二条　消费者为生活消费需要购买、使用商品或者接受服务，其权益受本法保护；本法未作规定的，受其他有关法律、法规保护。

第三条　经营者为消费者提供其生产、销售的商品或者提供服务，应当遵守本法；本法未作规定的，应当遵守其他有关法律、法规。

第四条　经营者与消费者进行交易，应当遵循自愿、平等、公平、诚实信用的原则。

第五条　国家保护消费者的合法权益不受侵害。

国家采取措施，保障消费者依法行使权利，维护消费者的合法权益。

第六条　保护消费者的合法权益是全社会的共同责任。

国家鼓励、支持一切组织和个人对损害消费者合法权益的行为进行社会监督。大众传播媒介应当做好维护消费者合法权益的宣传，对损害消费者合法权益的行为进行舆论监督。

第二章　消费者的权利

第七条　消费者在购买、使用商品和接受服务时享有人身、财产安全不受损害的权利。

消费者有权要求经营者提供的商品和服务，符合保障人身、财产安全的要求。

第八条　消费者享有知悉其购买、使用的商品或者接受的服务的真实情况的权利。消费者有权根据商品或者服务的不同情况，要求经营者提供商品的价格、产地、生产者、用途、性能、规格、等级、主要成分、生产日期、有效期限、检验合格证明、使用方法说明书、售后服务，或者服务的内容、规格、费用等有关情况。

第九条　消费者享有自主选择商品或者服务的权利。

消费者有权自主选择提供商品或者服务的经营者，自主选择商品品种或者服务方式，自主决定购买或者不购买任何一种商品、接受或者不接受任何一项服务。

消费者在自主选择商品或者服务时，有权进行比较、鉴别和挑选。

第十条　消费者享有公平交易的权利。

消费者在购买商品或者接受服务时，有权获得质量保障、价格合理、计量正确等公平交易条件，有权拒绝经营者的强制交易行为。

第十一条　消费者因购买、使用商品或者接受服务受到人身、财产损害的，享有依法获得赔偿的权利。

第十二条　消费者享有依法成立维护自身合法权益的社会团体的权利。

第十三条　消费者享有获得有关消费和消费者权益保护方面的知识的权利。

消费者应当努力掌握所需商品或者服务的知识和使用技能，正确使用商品，提高自我保护意识。

第十四条　消费者在购买、使用商品和接受服务时，享有其人格尊严、民族风俗习惯得到尊重的权利。

第十五条　消费者享有对商品和服务以及保护消费者权益工作进行监督的权利。

消费者有权检举、控告侵害消费者权益的行为和国家机关及其工作人员在保护消费者权益工作中的违法失职行为，有权对保护消费者权益工作提出批评、建议。

第三章　经营者的义务

第十六条　经营者向消费者提供商品或者服务，应当依照《中华人民共和国产品质量法》和其他有关法律、法规的规定履行义务。

经营者和消费者有约定的，应当按照约定履行义务，但双方的约定不得违背法律、法规的规定。

第十七条　经营者应当听取消费者对其提供的商品或者服务的意见，接受消费者的监督。

第十八条　经营者应当保证其提供的商品或者服务符合保障人身、财产安全的要求。对可能危及人身、财产安全的商品和服务，应当向消费者作出真实的说明和明确的警示，并说明和标明正确使用商品或者接受服务的方法以及防止危害发生的方法。

经营者发现其提供的商品或者服务存在严重缺陷，即使正确使用商品或者接受服务仍然可能对人身、财产安全造成危害的，应当立即向有关行政部门报告和告知消费者，并采取防止危害发生的措施。

第十九条　经营者应当向消费者提供有关商品或者服务的真实信息，不得作引人误解的虚假宣传。

经营者对消费者就其提供的商品或者服务的质量和使用方法等问题提出的询问，应当作出真实、明确的答复。

商店提供商品应当明码标价。

第二十条　经营者应当标明其真实名称和标记。

租赁他人柜台或者场地的经营者，应当标明其真实名称和标记。

第二十一条　经营者提供商品或者服务，应当按照国家有关规定或者商业惯例向消费者出具购货凭证或者服务单据；消费者索要购货凭证或者服务单据的，经营者必须出具。

第二十二条　经营者应当保证在正常使用商品或者接受服务的情况下其提供的商品或者服务应当具有的质量、性能、用途和有效期限；但消费者在购买该商品或者接受该服务前已经知道其存在瑕疵的除外。经营者以广告、产品说明、实物样品或者其他方式表明商品或者服务的质量状况的，应当保证其提供的商品或者服务的实际质量与表明的质量状况相符。

第二十三条　经营者提供商品或者服务，按照国家规定或者与消费者的约定，承担包修、包换、包退或者其他责任的，应当按照国家规定或者约定履行，不得故意拖延或者无理拒绝。

第二十四条　经营者不得以格式合同、通知、声明、店堂告示等方式作出对消费者不公平、不合理的规定，或者减轻、免除其损害消费者合法权益应当承担的民事责任。

格式合同、通知、声明、店堂告示等含有前款所列内容的，其内容无效。

第二十五条　经营者不得对消费者进行侮辱、诽谤，不得搜查消费者的身体及其携带的物品，不得侵犯消费者的人身自由。

第四章　国家对消费者合法权益的保护

第二十六条　国家制定有关消费者权益的法律、法规和政策时，应当听取消费者的意见和要求。

第二十七条　各级人民政府应当加强领导，组织、协调、督促有关行政部门做好保护消费者合法权益的工作。

各级人民政府应当加强监督，预防危害消费者人身、财产安全行为的发生，及时制止危害消费者人身、财产安全的行为。

第二十八条　各级人民政府、工商行政管理部门和其他有关行政部门应当依照法律、法规的规定，在各自的职责范围内，采取措施，保护消费者的合法权益。

有关行政部门应当听取消费者及其社会团体对经营者交易行为、商品和服务质量问题的意见，及时调查处理。

第二十九条　有关国家机关应当依照法律、法规的规定，惩处经营者在提供商品和服务中侵害消费者合法权益的违法犯罪行为。

第三十条　人民法院应当采取措施，方便消费者提起诉讼。对符合《中华人民共和国民事诉讼法》起诉条件的消费者权益争议，必须受理，及时审理。

第五章　消费者组织

第三十一条　消费者协会和其他消费者组织是依法成立的对商品和服务进行社会监督的保护消费者合法权益的社会团体。

第三十二条　消费者协会履行下列职能：

（一）向消费者提供消费信息和咨询服务；

（二）参与有关行政部门对商品和服务的监督、检查；

（三）就有关消费者合法权益的问题，向有关行政部门反映、查询，提出建议；

（四）受理消费者的投诉，并对投诉事项进行调查、调解；

（五）投诉事项涉及商品和服务质量问题的，可以提请鉴定部门鉴定，鉴定部门应当告知鉴定结论；

（六）就损害消费者合法权益的行为，支持受损害的消费者提起诉讼；

（七）对损害消费者合法权益的行为，通过大众传播媒介予以揭露、批评。

各级人民政府对消费者协会履行职能应当予以支持。

第三十三条 消费者组织不得从事商品经营和营利性服务，不得以牟利为目的向社会推荐商品和服务。

第六章 争议的解决

第三十四条 消费者和经营者发生消费者权益争议的，可以通过下列途径解决：

（一）与经营者协商和解；

（二）请求消费者协会调解；

（三）向有关行政部门申诉；

（四）根据与经营者达成的仲裁协议提请仲裁机构仲裁；

（五）向人民法院提起诉讼。

第三十五条 消费者在购买、使用商品时，其合法权益受到损害的，可以向销售者要求赔偿。销售者赔偿后，属于生产者的责任或者属于向销售者提供商品的其他销售者的责任的，销售者有权向生产者或者其他销售者追偿。

消费者或者其他受害人因商品缺陷造成人身、财产损害的，可以向销售者要求赔偿，也可以向生产者要求赔偿。属于生产者责任的，销售者赔偿后，有权向生产者追偿。属于销售者责任的，生产者赔偿后，有权向销售者追偿。

消费者在接受服务时，其合法权益受到损害的，可以向服务者要求赔偿。

第三十六条　消费者在购买、使用商品或者接受服务时,其合法权益受到损害,因原企业分立、合并的,可以向变更后承受其权利义务的企业要求赔偿。

第三十七条　使用他人营业执照的违法经营者提供商品或者服务,损害消费者合法权益的,消费者可以向其要求赔偿,也可以向营业执照的持有人要求赔偿。

第三十八条　消费者在展销会、租赁柜台购买商品或者接受服务,其合法权益受到损害的,可以向销售者或者服务者要求赔偿。展销会结束或者柜台租赁期满后,也可以向展销会的举办者、柜台的出租者要求赔偿。展销会的举办者、柜台的出租者赔偿后,有权向销售者或者服务者追偿。

第三十九条　消费者因经营者利用虚假广告提供商品或者服务,其合法权益受到损害的,可以向经营者要求赔偿。广告的经营者发布虚假广告的,消费者可以请求行政主管部门予以惩处。广告的经营者不能提供经营者的真实名称、地址的,应当承担赔偿责任。

第七章　法律责任

第四十条　经营者提供商品或者服务有下列情形之一的,除本法另有规定外,应当依照《中华人民共和国产品质量法》和其他有关法律、法规的规定,承担民事责任:

(一)商品存在缺陷的;

(二)不具备商品应当具备的使用性能而出售时未作说明的;

(三)不符合在商品或者其包装上注明采用的商品标准的;

(四)不符合商品说明、实物样品等方式表明的质量状况的;

(五)生产国家明令淘汰的商品或者销售失效、变质的商品的;

(六)销售的商品数量不足的;

(七)服务的内容和费用违反约定的;

(八)对消费者提出的修理、重作、更换、退货、补足商品数量、退还货款和服务费用或者赔偿损失的要求,故意拖延或者无理拒绝的;

(九)法律、法规规定的其他损害消费者权益的情形。

第四十一条　经营者提供商品或者服务,造成消费者或者其他受害人人身伤害的，应当支付医疗费、治疗期间的护理费、因误工减少的收入等费用，造成残疾的，还应当支付残疾者生活自助具费、生活补助费、残疾赔偿金以及由其扶养的人所必需的生活费等费用；构成犯罪的，依法追究刑事责任。

第四十二条　经营者提供商品或者服务，造成消费者或者其他受害人死亡的，应当支付丧葬费、死亡赔偿金以及由死者生前扶养的人所必需的生活费等费用；构成犯罪的，依法追究刑事责任。

第四十三条　经营者违反本法第二十五条规定，侵害消费者的人格尊严或者侵犯消费者人身自由的，应当停止侵害、恢复名誉、消除影响、赔礼道歉，并赔偿损失。

第四十四条　经营者提供商品或者服务，造成消费者财产损害的，应当按照消费者的要求，以修理、重作、更换、退货、补足商品数量、退还货款和服务费用或者赔偿损失等方式承担民事责任。消费者与经营者另有约定的，按照约定履行。

第四十五条　对国家规定或者经营者与消费者约定包修、包换、包退的商品，经营者应当负责修理、更换或者退货。在保修期内两次修理仍不能正常使用的，经营者应当负责更换或者退货。

对包修、包换、包退的大件商品，消费者要求经营者修理、更换、退货的，经营者应当承担运输等合理费用。

第四十六条　经营者以邮购方式提供商品的，应当按照约定提供。未按照约定提供的，应当按照消费者的要求履行约定或者退回货款；并应当承担消费者必须支付的合理费用。

第四十七条　经营者以预收款方式提供商品或者服务的，应当按照约定提供。未按照约定提供的，应当按照消费者的要求履行约定或者退回预付款；并应当承担预付款的利息、消费者必须支付的合理费用。

第四十八条　依法经有关行政部门认定为不合格的商品，消费者要求退货的，经营者应当负责退货。

第四十九条　经营者提供商品或者服务有欺诈行为的，应当按照消费者的要求增加赔偿其受到的损失，增加赔偿的金额为消费者购买商品的价款或者接受服务的费用的一倍。

第五十条　经营者有下列情形之一,《中华人民共和国产品质量法》和其他有关法律、法规对处罚机关和处罚方式有规定的,依照法律、法规的规定执行;法律、法规未作规定的,由工商行政管理部门责令改正,可以根据情节单处或者并处警告、没收违法所得、处以违法所得一倍以上五倍以下的罚款,没有违法所得的,处以一万元以下的罚款;情节严重的,责令停业整顿、吊销营业执照:

(一)生产、销售的商品不符合保障人身、财产安全要求的;

(二)在商品中掺杂、掺假,以假充真,以次充好,或者以不合格商品冒充合格商品的;

(三)生产国家明令淘汰的商品或者销售失效、变质的商品的;

(四)伪造商品的产地,伪造或者冒用他人的厂名、厂址,伪造或者冒用认证标志、名优标志等质量标志的;

(五)销售的商品应当检验、检疫而未检验、检疫或者伪造检验、检疫结果的;

(六)对商品或者服务作引人误解的虚假宣传的;

(七)对消费者提出的修理、重作、更换、退货、补足商品数量、退还货款和服务费用或者赔偿损失的要求,故意拖延或者无理拒绝的;

(八)侵害消费者人格尊严或者侵犯消费者人身自由的;

(九)法律、法规规定的对损害消费者权益应当予以处罚的其他情形。

第五十一条　经营者对行政处罚决定不服的,可以自收到处罚决定之日起十五日内向上一级机关申请复议,对复议决定不服的,可以自收到复议决定书之日起十五日内向人民法院提起诉讼;也可以直接向人民法院提起诉讼。

第五十二条　以暴力、威胁等方法阻碍有关行政部门工作人员依法执行职务的,依法追究刑事责任;拒绝、阻碍有关行政部门工作人员依法执行职务,未使用暴力、威胁方法的,由公安机关依照《中华人民共和国治安管理处罚条例》的规定处罚。

第五十三条　国家机关工作人员玩忽职守或者包庇经营者侵害消费者合法权益的行为的,由其所在单位或者上级机关给予行政处分;情节严重,构成犯罪的,依法追究刑事责任。

第八章 附 则

第五十四条 农民购买、使用直接用于农业生产的生产资料,参照本法执行。

第五十五条 本法自1994年1月1日起施行。

附录三

部分商品修理更换退货责任规定

第一条 为保护消费者的合法权益，明确销售者、修理者、生产者承担的部分商品的修理、更换、退货（以下称为三包）的责任和义务，根据《中华人民共和国产品质量法》、《中华人民共和国消费者权益保护法》及有关规定制定本规定。

第二条 本规定所称部分商品，系指《实施三包的部分商品目录》（以下简称目录）中所列产品。目录由国务院产品质量监督管理部门会同商业主管部门、工业主管部门共同制定调整，由国务院产品质量监督管理部门发布。

第三条 列入目录的产品实行谁经销谁负责三包的原则。销售者与生产者、销售者与供货者、销售者与修理者之间订立的合同，不得免除本规定的三包责任和义务。

第四条 目录中规定的指标是履行三包规定的最基本要求。国家鼓励销售者和生产者制定严于本规定的三包实施细则。本规定不免除未列入目录产品的三包责任和销售者、生产者向消费者承诺的高于列入目录产品的三包责任。

第五条 销售者应当履行下列义务：

（一）不能保证实施三包规定的，不得销售目录所列产品；

（二）保持销售产品的质量；

（三）执行进货检查验收制度，不符合法定标识要求的，一律不准销售；

（四）产品出售时，应当开箱检验，正确调试，介绍使用维护事项、三包方式及修理单位，提供有效发票和三包凭证；

（五）妥善处理消费者的查询、投诉，并提供服务。

第六条 修理者应当发行下列义务：

（一）承担修理服务业务；

（二）维护销售者、生产者的信誉，不得使用与产品技术要求不符

质量状况,保证修理后的产品能够正常使用30日以上;

(三)保证修理费用和修理配件全部用于修理。接受销售者、生产者的监督和检查;

(四)承担因自身修理失误造成的责任和损失;

(五)接受消费者有关产品修理质量的查询。

第七条　生产者应当履行下列义务:

(一)明确三包方式。生产者自行设置或者指定修理单位的,必须随产品向消费者提供三包凭证、修理单位的名单、地址、联系电话等。

(二)向负责修理的销售者、修理者提供修理技术资料、合格的修理配件,负责培训,提供修理费用。保证在产品停产后五年内继续符合技术要求的零配件。

(三)妥善处理消费者直接或者间接的查询,并提供服务。

第八条　三包有效期自开具发票之日起计算,扣除因修理占用和无零配件待修的时间。三包有效期内消费者凭发票及三包凭证办理修理、换货、退货。

第九条　产品自售出之日起7日内,发生性能故障,消费者可以选择退货、换货或修理。退货时,销售者应当按发票价格一次退清货款,然后依法向生产者、供货者追偿或者按购销合同办理。

第十条　产品自售出之日起15日内,发生性能故障,消费者可选择换货或者修理。换货时,销售者应当免费为消费者调换同型号同规格化的产品,然后依法向生产者、供货者追偿或者按购销合同办理。

第十一条　在三包有效期内,修理两次,仍不能正常使用的产品,凭修理者提供的修理记录和证明,由销售者负责为消费者免费调换同型号同规格化的产品或者按本规定第十三条的规定退货,然后依法向生产者、供货者追偿或者按购销合同办理。

第十二条　在三包有效期内,因生产者未供应零配件,自送修之日起超过90日未修好的,修理者应当在修理状况中注明,销售者凭此据免费为消费者调换同型号同规格产品。然后依法向生产者、供货者追偿或者按购销合同办理。因修理者自身原因使修理期超过30日的,由其免费为消费者调换同型号同规格产品。费用由修理者承担。

第十三条　在三包有效期内,符合换货条件的,销售者因无同型号同规格产品,消费者不愿调换其他型号、规格产品而要求退货的,销售者应当予以退货;有同型号同规格产品,消费者不愿调换而要求退货的,销售者应当予以退货,对已使用过的商品按本规定收取折旧费。折旧费计算自开具发票之日起至退货之日止,其中应当扣除修理占用和待修的时间。

第十四条 换货时,凡属残渣次产品、不合格产品或者修理过的产品均不得提供给消费者。换货后的三包有效期自换货之日起重新计算。由销售者在发票背面加盖更换章并提供新的三包凭证或者在三包凭证背面加盖更换章。

第十五条 在三包有效期内,除因消费者使用保管不当致使产品不能正常使用外,由修理者免费修理(包括材料费和工时费)。对应当进行三包的大件产品,修理者应当提供合理的运输费用,然后依法向生产者或者销售者追偿,或者按合同办理。

第十六条 在三包有效期内,提倡销售者、修理者、生产者上门提供三包服务。

第十七条 属下列情况之一者,不实行三包,但是可以实行收费修理:

(一)消费者因使用、维护、保管不当造成损坏的;

(二)非承担三包修理者拆动造成损坏的;

(三)无三包凭证及有效发票的;

(四)三包凭证型号与修理产品型号不符或者涂改的;

(五)因不可抗拒力造成损坏的。

第十八条 修理费用由生产者提供。修理费用指三包有效期内保证正常修理的待支费用。

第十九条 销售者负责修理的产品,生产者按照合同或者协议一次拨出费用,具体办法由产销双方商定。销售者委托或者指定修理者的,其修理费的支付形式由销售者或修理者双方合同约定。专款专用,生产者自行选择其他方式或者自行设置修理网点的,由生产者直接提供修理费用。

第二十条 生产者、销售者、修理者破产、倒闭、兼并、分立的,其三包责任按国家有关法规执行。

第二十一条　消费者因产品三包问题与销售者、修理者、生产者发生纠纷时，可以向消费者协会、质量管理协会用户委员会和其他有关组织申请调解，有关组织应当积极受理。

第二十二条　销售者、修理者、生产者未按规定执行三包的，消费者可以向产品质量监督管理部门或者工商行政管理部门申诉，由上述部门责令其按三包规定办理。消费者也可以依法申请仲裁解决，还可以直接向人民法院起诉。

第二十三条　本规定由国务院产品质量监督管理部门负责解释。

第二十四条　本规定自发布之日起施行。原国家经济委员会等八部委局发布的国标发(1988)177号《部分国产家用电器三包规定》同时废止。其他有关规定与本规定不符的，以本规定为准。

实施三包的部分商品目录(第一批)

名　称	三包有效期(年)		主要部件名称	折旧率(日)	备　注
	整机	主要部件			
自行车	1	2	车架、变速器	0.05%	
彩色电视机	1	3	显像管、行输出变压器、高频头、集成电路	0.1%	
黑白电视机	1	3	显像管、行输出变压器、高频头、集成电路	0.05%	
家用录像机	1	1	磁鼓电机、主导轴电机、加载电机、集成电路	0.1%	
摄像机	1	1	磁鼓电机、主导轴电机、加载电路、带盘电机、镜头、集成电路、磁头	0.1%	
收录机	1	1	电机、激光头、集成电路、电位器	0.05%	音箱
电子琴	1		无	0.05%	37键(含)以上
家用电冰箱	1	3	压缩机、风扇电机、温控器、蒸发器、电磁阀、过滤器、冷凝器、毛细管	0.05%	含冰柜
洗衣机	1	3	电机、定时器、程控器、电容器	0.05%	

续上表

名　称	三包有效期(年)		主要部件名称	折旧率(日)	备　注
	整机	主要部件			
电风扇	1	3	电机、定时器、程控器	0.05%	
微波炉	1	2	电机、磁控管、定时器	0.05%	
吸尘器	1	3	电机	0.05%	
家用空调器	1	3	压缩机、风扇电机、温控器	0.1%	
吸排油烟机	0.5	1	电机	0.05%	
燃气热水器	1	1	电子打火部分	0.05%	
缝纫机	1		无	0.05%	
钟表	1		无	0.05%	50元以上
摩托车			发动机	0.2%	①三包有效期为1年或行驶里程6 000 km,达到其中一项者;②含残疾人三轮摩托车,其他三轮摩托车除外

附录四

道路运输服务质量投诉管理规定

交公路发〔1999〕535号

第一章　总　　则

第一条　为了保护道路运输服务对象的合法权益，及时、公正处理服务质量投诉，加强对道路运输服务质量的监督和管理，维护道路运输市场的正常秩序，依据《中华人民共和国消费者权益保护法》及其他有关法律、法规制定本规定。

第二条　县级以上（含县级，下同）人民政府交通行政主管部门负责本辖区道路运输服务质量投诉管理工作，其所属的道路运输管理机构（以下简称运政机构）是道路运输服务质量投诉（以下简称服务质量投诉）的受理机构，负责本规定的具体实施。

第三条　各级运政机构受理服务质量投诉应遵循合法、公正、高效、便民的原则。

第二章　投诉受理机构

第四条　县级以上运政机构应当向社会公布投诉地址及投诉电话，及时受理本辖区的服务质量投诉案件。

第五条　运政机构受理服务质量投诉的主要职责是：

（一）贯彻执行国家有关服务质量投诉处理的法律、法规和规章制度；

（二）及时调查处理（或批转下一级运政机构调查处理）被投诉对象注册地为本辖区的服务质量投诉案件；报请上一级运政机构将本单位收到的被投诉对象注册地为非本辖区的投诉案件批转其辖区运政机构办理；

（三）协助上一级运政机构调查处理涉及本辖区的服务质量投诉案件；

（四）受理上一级运政机构转来的投诉案件，并报告投诉的调查处理情况和结果；

(五)建立健全本辖区服务质量投诉受理工作通报表彰、统计分析和投诉档案管理以及信息反馈等制度;

(六)督促、检查本辖区道路运输经营者制定和实施服务质量纠纷处理制度。

第三章　投诉受理条件和范围

第六条　投诉受理条件:

(一)投诉人必须是权益受到损害的道路运输服务对象或他们的代理人;

(二)有明确的投诉对象、具体事实及有关证明材料或证明人。

第七条　投诉受理范围:

(一)道路运输经营者未履行合同或协议而又拒不承担违约责任的;

(二)道路运输经营者未执行国家有关价格政策或未提供与其价格相符的服务的;

(三)道路运输经营者故意或过失造成投诉人人身伤害,货物灭失、短少、变质、污染、损坏、误期等而又拒绝赔偿损失的;

(四)道路运输经营者有欺诈行为的;

(五)道路运输经营者在经营活动中违反有关法律、法规或规章导致道路运输服务对象权益受到损害的;

(六)道路运输经营者未按规定提供与其经营内容相适应的服务设施、服务项目或服务质量标准的;

(七)道路运输经营者其他侵犯投诉人权益、损害投诉人利益的行为。

第八条　下列投诉不属于本受理范围:

(一)法院、仲裁机构或者有关行政机关已经受理的案件。

(二)由于不可抗力造成道路运输服务对象权益受到损害的投诉。

(三)治安和刑事案件投诉。

(四)交通事故投诉。

(五)国家法律、法规已经明确规定由其他机构受理的投诉。

第四章　投诉人与被投诉人

第九条　投诉可采用书面投诉、电话投诉或当面投诉三种形式。投诉人应在书面投诉材料上阐明或在电话投诉、当面投诉时说明下列事项：

（一）投诉人的名称或姓名及联系方式；

（二）被投诉人的名称或车辆牌照号码；

（三）投诉案件发生的时间、地点、经过及有关证明材料或证明人；

（四）投诉请求（包括停止侵害，惩治违法、违章经营，赔礼道歉，赔偿损失等）。

第十条　投诉人有权了解投诉的处理情况；有权与被投诉人自行和解；有权放弃或变更投诉请求。

第十一条　被投诉人有就被投诉案件进行陈述和申辩的权利。

第十二条　被投诉人不得妨碍运政机构对投诉案件进行的调查、核实工作，不得销毁、灭失有关证据。

第五章　投诉受理程序

第十三条　运政机构接到投诉时，应当根据第七条、第八条的规定，确定是否受理，不予受理的，要说明理由。电话投诉和当面投诉的要做好投诉记录（《道路运输服务质量投诉记录》式样见附件1），也可通知其递交书面投诉材料。

第十四条　运政机构受理投诉后，应当在5日内通知被投诉人。被投诉人应当在接到投诉通知之日起10日内作出书面答复意见。书面答复应当载明以下事项：

（一）对投诉内容及投诉请求表明态度；

（二）陈述事实，申辩举证；

（三）提出解决意见。

第十五条　运政机构应依法对投诉案件进行核实。经调查核实后，依据有关法律、法规或规章，分清责任，在投诉受理之日起30日内，做出相应的投诉处理决定，并通知双方当事人。

第六章　投诉处理

第十六条　根据投诉事实的性质,对投诉案件的处理决定可采取调解或行政处罚两种处理方式。

第十七条　投诉案件的责任认定主要依据是投诉事实和有关法律、法规及规章:

(一)《中华人民共和国合同法》及其他有关道路运输或合同的法律、法规。

(二)《汽车货物运输规则》、《汽车旅客运输规则》、《汽车运价规则》等道路运输管理规章。

第十八条　根据责任认定结果,可做出以下调解意见,并应说明理由:

(一)被投诉人过错的,由被投诉人向投诉人赔礼道歉或赔偿损失;

(二)投诉人与被投诉人共同过错的,由双方分别承担相应责任;

(三)投诉人自身过错的,责任自负。

第十九条　运政机构对投诉案件进行调解,应制作《道路运输服务质量投诉调解书》(式样见附件2),一式3份。由投诉人、被投诉人双方(或其代表)签字,并经运政管理机构盖章确认后,分别交投诉人和被投诉人各1份,运政机构存档1份。

第二十条　有关汽车维修质量纠纷的调解依照《汽车维修质量纠纷调解办法》(交公路发〔1998〕349号)办理。

第二十一条　由于道路运输经营者经营活动违反有关法律、法规及规章导致道路运输服务对象权益受到侵害的投诉案件,运政机构应责令其停止侵害,并依照有关道路运输的法律、法规及规章给予行政处罚。处罚程序按照《交通行政处罚程序规定》(中华人民共和国交通部令1996年第7号)办理。

第二十二条　双方当事人对投诉案件调解结果有异议的,可向有关仲裁机构提请仲裁;对行政处罚决定有异议的,可向上一级交通行政主管部门提请行政复议,也可直接向人民法院提起诉讼。

第二十三条　运政机构工作人员在处理投诉案件过程中玩忽职

守、推诿拖拉、徇私枉法的，应给予行政处分，构成犯罪的追究法律责任。

第七章　附　　则

第二十四条　道路运输经营者被投诉的责任频率、对投诉案件调解工作是否配合等情况，是考核企业服务质量、评定企业资质等级等方面的主要依据之一，应作为年度审验的重要内容，并在涉及审批事项等方面作为先决条件。

第二十五条　本规定由中华人民共和国交通部负责解释。

第二十六条　本规定自 2000 年 1 月 1 日起实施。

附件1　道路运输服务质量投诉记录(式样)

日期：　　　　　编号：　　　　#运诉记〔＊＊＊＊〕第%%号

<table>
<tr><td>投诉人</td><td colspan="2"></td><td>记录人</td><td></td></tr>
<tr><td colspan="2">被投诉人名称或车辆牌照号码</td><td colspan="3"></td></tr>
<tr><td>案件发生时间</td><td colspan="2"></td><td>发生地点</td><td></td></tr>
<tr><td colspan="5">投诉案件梗概
（填写不下，可另附纸）</td></tr>
<tr><td colspan="5">证明材料或证明人</td></tr>
<tr><td colspan="5">投诉请求</td></tr>
<tr><td>联系人</td><td></td><td>联系电话</td><td colspan="2"></td></tr>
</table>

注：#——代表受理机构所在行政区划简称；＊＊＊＊——代表年份；%%——代表当年受理投诉案件的序号

附件2 道路运输服务质量投诉调解书(式样)

日期: 编号: #运诉调〔****〕 第 % % 号

<table>
<tr><td>投诉人名称或姓名(甲方)</td><td colspan="3"></td></tr>
<tr><td>被投诉人名称或姓名(乙方)</td><td colspan="3"></td></tr>
<tr><td>投诉受理机构名称</td><td colspan="3"></td></tr>
<tr><td colspan="4">投诉案件梗概
(填写不下,可另附纸)</td></tr>
<tr><td colspan="4">证明材料或证明人</td></tr>
<tr><td colspan="4">调解意见

投诉受理机构:(盖章) 经办人:(签字)</td></tr>
<tr><td>甲方意见</td><td></td><td>甲方或其代表签字</td><td></td></tr>
<tr><td>乙方意见</td><td></td><td>乙方或其代表签字</td><td></td></tr>
</table>

注:#——代表受理机构所在行政区划简称;****——代表年份;%%——代表当年调解投诉案件的序号。